손경숙 수필집

여백의 낟알들

-가을이 까치발로 오다

바니디자인㈜

여백의 낱알들
- 가을이 까치발로 오다

책머리에

인연 있는 소중한 분들의 마음에
잔잔한 울림과 여운으로 닿길 바라며,
흩어진 낱알들 모아 한 권의 수필집을 묶는다.

돌아보니 가파른 언덕을 오르느라
때론 지치고 벅차기도 했다.
그러나
그 시간이 있어 잠시 쉼표를 놓고
생각을 가다듬을 여유가 주어졌다.

서툴러 흔들렸던 길에는 반성과 후회가 남고
여럿이 함께했던 시간에는 작은 보람이 있었다.
그냥 지나치기 아쉬운 순간들이 글이 되어,
여러 지면에 실리기도 했다.

어느새 코끝에 서늘한 바람 냄새가 난다.
치열했던 여름 지나고, 가을 시나브로 물 드는데
단풍잎 하나둘 내려앉은 뜨락에
파스텔톤 수채화 곱게 그려지길 바란다.

2025년 11월
손 경 숙

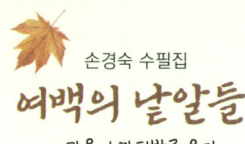

손경숙 수필집
여백의 낱알들
- 가을이 까치발로 오다

차례

책머리에 · 5

1부

길 위에서 · 11
버려진 화분 · 16
개다리소반 · 21
시우쇠 · 26
고장난 회로 · 32
쓴맛엔 이유가 있었다 · 38
그녀의 선택 · 44
저승 문 앞에서 · 49

2부

나만 보였다 · 57
아름다운 이별 · 62
오래 들여다보다 · 67
비 오는 날에 · 71
친절한 팥쥐 · 76
억대 부자 · 82
어머님이 물려주려던 · 88
접겨있는 문 · 93

3부

- 냉동실 복어알 · 101
- 오골계와 묵밥 · 107
- 신 소외계층 · 112
- 기대수명 · 117
- 애착하는 것들 · 122
- 이름을 바꾸다 · 127
- 마음이 가는 대로 · 133
- 고운 노을빛으로 · 139

4부

- 물 밑에 있는 발 · 147
- '오지랖' 대동단결 · 153
- 공생관계 · 158
- 신이 알려주지 않은 날 · 162
- 사과김치 · 167
- 내 기억도 못 믿어 · 172
- 조부님 기일에 · 178

5부

- 발 · 187
- 자립의지에 응원을 · 192
- 떨켜 · 197
- 그 여자의 오늘 · 202
- 리허설이 있었다면 · 208
- 따라가기도 바쁜 · 214
- 포장마차 앞에서 · 220
- 어눌한 계산법 · 225

1부

- 길 위에서
- 버려진 화분
- 개다리소반
- 시우쇠
- 고장난 회로
- 쓴맛엔 이유가 있었다
- 그녀의 선택
- 저승 문 앞에서

길 위에서

 머리털이 쭈뼛 선다. 빗길에 접촉 사고를 낼뻔했다. 달리는 승용차 사이로 훅 들어온 오토바이가 경적을 울릴 새도 없이 저만치 지그재그 차선을 바꾸며 달아난다. 엉겁결에 튀어나오려던 비명이 어이없게도 웃음이 되어 새어 나온다. 오토바이 뒤쪽에 매달린 커다란 배달통이 내 등짝에 올려진 걸망 같아서다. 나도 저런 걸망을 짊어지고 갈팡질팡 예까지 달려왔지.

 자의 반 타의 반 짊어진 짐의 무게는 내 깜냥을 훌쩍 넘었다. 오르다 보면 중턱 어디쯤 편편한 광장이 있을 거란 믿음에 엔진의 과열쯤 외면하고 차선을 넘나들며 속력을 내곤 했다 돌아가는 법에 서툴러 아슬아슬 중앙선을 넘기도 했다.

위험을 무릅쓰고 달리는 저 라이더가 절박한 경제 상황에 내몰린 뉘 집 가장은 아니길 바란다. 어쩌면 화장실 사용을 거부하는 점주에 의해 고의춤을 움켜잡은 채 곡예 운전을 하고 있거나, 혹은 주문자의 독촉에 마음이 급해졌을 수도 있겠다. 그리 중요하지 않은 고만고만한 일들에 허둥대며 달려온 내 지난 시간인 듯 해서 그가 짠하다.

'좋은 일 하십니다.' 라는 인사에는 손사래를 쳤지만 선한 영향력을 나눈다는 마음으로 30년 가까이 사회복지 활동가로 예까지 왔다. 그러나 과한 책임감에 한쪽 시력을 잃기도 했고, 어느 때는 '뇌막하출혈', 생소한 진단명에 두어 달 산송장으로 병원 신세를 지기도 했다. 이 길 위에서의 행군이 내게 내려진 숙명이라 여기며 걷고 또 걸었다. 다행히 건강은 좋아졌고 걸망의 무게도 다소 가벼워졌다. 하지만 부피는 여전히 줄어들 기미가 없다. 등에 올려진 걸망에는 버리지 못해 모아둔 오랜 흔적들이 빼꼭하다.

IMF 구제금융 사태로 전 국민이 혼란스러웠던 사회 속으로 성큼 들어섰다. 이슬이 채 마르지 않은 길이었다. 그 길에는 험상궂은 얼굴로 종주먹을 들이대는 이가 있기도 했고, 때로는 밀치고 앞지르는 사람에 내가 안달하기도 했다.

간혹 같은 곳 바라보며 두런두런 세상사를 나누는 동행이 있어 영 외롭지는 않았다.

한낮의 태양이 야멸차게 열기를 토해내는 가파른 능선을 오를 때는 곁을 내어주던 일행에 힘을 얻기도 했다. 혼자라면 중도에 주저앉고 말았을 길이다. 작은 나무들 사이로 난 다소 거친 오솔길, 서둘러 들어선 길은 몹시 미끄러웠고 잠시의 방심도 용납되지 않았다. 자칫 엉덩방아를 찧을 수도 있는 상황에 간간이 노출된 돌부리는 나를 노려보듯 엄포를 놓았다. 넘어지지 않으려고 긴장하며 걸었다. 잔뜩 움츠린 보폭이기도 했다.

이런 나를 두고 이웃들은 겸손하다거나 신중하다고 한다. 내 보폭의 한계를 아는지라 과한 욕심을 내지 않은 것이다. 방금 사라져간 라이더처럼 민첩하지도 못하고, 어쩌다 주저앉기라도 하면 짚었던 손을 툭툭 털며 일어설 자신이 없었기 때문이다.

더욱이 맷집까지 없었으니, 화를 내기보다 참는 법을 먼저 익혔다. 쟁취해야만 얻을 수 있는 일에는 차라리 뒤로 한 발 물러섰다. 가부장적 사회환경에서 **순종**이 미덕이라 여기며 자란 탓이다. 신중도 겸손도 아닌 조심스러운 몸짓이었다. 하지만 돌아봐도 크게 후회는 없다.

이제, 동쪽 하늘에 붉게 올랐던 해는 능선을 넘으려 하고 있다. 오래지 않아 어둠이 시나브로 내려올 것이다. 유난히 길눈 어두운 내가 안내자의 도움 없이 왔던 길을 되짚어 내려가려면 지체할 시간이 없을지도 모른다. 흩어놓은 짐들을 간추리는 마음에는 작은 조바심이 일기도 한다.

지나온 길이 다소 좁기는 했어도, 스치듯 지나간 인연 중 누구도 뒤처짐을 나무라거나 재촉하지 않았다. 순한 눈빛 보내주던 이웃들이 있어 잡목 우거진 길도 두렵지 않았다. 하지만 앞만 보고 달리는 경주마로 예까지 올 수 있었던 것에는 나만의 우직한 믿음이 있었기 때문이다. 정상에는 편편한 광장이 기다리고 있을 거라는, 무거운 걸망 내려놓고 박수 치며 맛난 음식들 나눌 거라는 기대가 있었다.

이제 정상이 저만치 가까워졌다. 바람 순하고 긴장된 근육은 부드러워졌다. 사방을 두리번거려 본다. 함께 즐길 넉넉한 공간을 찾으려는 것이다. 나는 습관처럼 또 걸음을 떼어놓는다. 저 위쪽 어디쯤 행여 내가 바라는 곳이 있을 것 같아서다.

긴 호흡을 토해낸 해가 무지하기만 한 나를 딱하다는 듯 내려다보고 있다. 무거운 걸망을 풀어놓고 목도 축이라는 듯 뜨거운 열기를 뿜어낸다. 솔가지를 흔드는 바람이 너무 오르기만 해서는 서둘러 출발한 어둠과 만날 수도 있다는 말을 안으로 삼킨다. 뒤처져 안달했던 내 조바심과 중독에 가까운 질주 본능을 이미 들켜버린 것일까? 산마루를 서성이는 해가 천기를 누설하듯 귓속말을 전한다.

정상에 올라도 넓은 광장 같은 건 없을 거라 한다. 어쩌면 잎 마른 고목이 난간을 지키고 있을지도 모르니 오르는 것에 잠시 쉼표를 놓으라 한다. 지금의 작은 휴식을 귀하게 여길 마음의 근육을 키우라는 주문을 보탠다.

낡은 나침판의 눈금이 흔들린다. 쉼 없이 오르기만 했다. 이제 잘 내려가는 길을 찾아야 할 때다. 오를 때 보다 더 짧은 길이 기다릴지도 모른다. 어쩌면 가파르고 먼지가 풀썩거릴 수도 있겠다. 상체를 굽혀 조심히 걸을 일이다. 완만한 길을 택하고 그간 서두르라 놓친 풀꽃들의 향기에도 취해봐야겠다. 작은 새의 청아한 지저귐에 귀를 열고 출발했던 그곳에, 언젠가 꼭 닿게 될 그곳에 무탈하게 닿을 것이다.

저만치 달려가 오토바이 꽁무니에 광기로 흔들리던 불빛이 잔광으로 남는다.

버려진 화분

시동생 내외와 동해안으로의 여행이다.

잔잔한 음악이 흐르는 승용차 뒷자리 나란히 앉은 동서의 까르륵 웃는 소리가 아름다운 선율로 들려 더욱 마음을 설레게 한다. 작고 예쁜 포구를 여럿 지나 우리는 한적한 바닷가 마을에 도착했다. 바다는 잔잔한 파도와 갈치 비늘 같은 윤슬로 우리를 맞는다.

여장을 풀고 마을을 한 바퀴 둘러본다. 주민들이 모두 바다로 나간 것일까. 작고 다닥다닥 이어진 집들이 비어있는 듯 조용하다. 청량한 바닷바람이 처마 끝에 남실대고 한낮의 햇살이 고즈넉이 졸고 있는 골목 어귀에 키 큰 나목이 담긴 화분 하나가 덩그러니 놓여있다. 큰 나무를 옮기기가 버거웠을까. 내 키보다 높은 원가지를 남긴 채 곁가지가 모두 잘려 나간 상태다. 한때 잎이 무성했을 나무를 그려보며 나는 잠시 걸음을 멈추었다.

사람들은 말한다. 인생 후반에 접어들면 주변 정리를 해야 한다고. 사회의 일원으로 크고 작은 조직과 연관된 인연들이 무겁지 않게 정리되고, 가진 물건이나 생각들도 들어내어 삶 자체가 간명해져야 한다는 말일 게다.

머지 않아 찾아올 내 가을 뜨락은 흩어진 이삭들 속 영근 낟알 몇이라도 갈무리할 수 있을까. 분주한 일상이 조율되면 행여 마음에 작은 여유라도 주어질까.

어느 날, 오늘처럼 한적한 포구에서 지난 시간을 회상하며 바다 앞에 섰을 때 저 화분의 나목처럼 텅 빈 골목 어귀 어디쯤 버려진 듯 황량하지는 않아야 할 텐데…….

나무를 손바닥으로 가만히 쓸어본다. 손에 닿는 껍질의 감촉이 물기를 다 내려놓고 돌아앉은 바위처럼 거칠고 견고하다. 어쩌면 나무는 생의 각진 마디를 건널 때마다 매양 거친 숨을 토해낼 수 없어 차라리 수피 깊숙한 곳에서부터 견고한 옹이로 굳어졌던 것은 아닐까.

나무 밑동에 미처 알아보지 못한 작은 팻말 하나가 걸려 있다.

버려진 화분 | 17

'아버지 어머니 건강하시고 오래오래 행복하세요.'

- 자식 일동 -

어느 집 아들 딸들이 부모님의 건강과 행복을 기원하는 마음으로 커다란 화분을 준비하고 그 아래 팻말을 달았으리라. 새집으로 이사를 했거나 아니면 와병 중에 반짝 회복했을 때였을까? 어느 때는 화분 곁에 가족들이 옹기종기 모여 화기애애한 담소를 나누기도 했을 것이다. 그러다 나무가 제멋대로 가지를 뻗어 볼품없어졌거나 아니면 자식들의 기원이 닿지 않아도 될 시기가 도래했을지도 모른다.

"형수님 가고 싶은 곳이 있으면 어디라도 모시고 갈 테니 말씀만 하세요."

시동생이 수년 전부터 말했지만 가을에는 봄을 기약했고 봄에는 여름으로 차일피일 미루다 느닷없이 동해안으로 떠나자는 제안에 덜컥 따라나섰다. 춥지도 덥지도 않은 계절, 산밑에 개나리 진달래 흐드러지게 피어있고 가로수 벚꽃길이 풍성함을 더하는 날에 든든한 시동생과 애살맞은 동서와의 여행 아닌가. 계획된 일정을 미루고 동행하길 잘했다는 생각이 든다.

나는 그간 무슨 배짱으로 그 많은 제안을 미루기만 했을까. 우리 앞에 내일이, 다음 달이나 다음 계절이 있기나 한 것이던가. 들이쉰 숨을 뱉지 못하거나 뱉은 숨 들이쉬지 못하면 내려놓을 목숨인데, 제아무리 잘났어도 들숨과 날숨 그사이를 곡예 하듯 살아가는 것이 인생이다. 지금 내 앞에 놓인 상황과 인연이 가장 시급하고 중요한 일일 것이다. 어렵게 주어진 이 시간, 마음 다 풀어놓아도 허물없는 형제와의 동행이니 더없이 고맙고 소중하다. 어느 날 시간의 뒤안길에 도착할지라도 지금 흡족한 내 마음이 어디에 머물고 있는지를 살피며 코끝에 닿는 한 줌 바다 향마저 마음 깊이 간직할 것이다.

여행이 주는 들뜸에 편승한 내 마음에도 파도가 넘실댄다. 마음속 말도 조심하라는 옛말이 있다. 결국 나 자신이 내 말을 듣고 있기 때문이란다. 홀연히 일으킨 생각과 말이 행동을 부르고 습관이 된다. 연기법에 따르면 금생 인연이 내생來生까지 이어진다고 하니 생각이나 말, 행동에 이르기까지 어느 하나 허투루 지나칠 수 없는 것이다. 행여 내 안에 채 영글지 못한 올곧은 생각들이 허공중에 흩어지지 않도록 미세한 바람에도 흔들리는 마음을 다잡을 일이다.

덩그러니 버려진 화분에 우뚝 선 나목은 자잘한 가지와 팔랑대는 잎들을 모두 잘라내어서일까. 골목 어귀 감겨드는 살랑바람에도 미동이 없다. 제 소임을 다했으니 남은 회한 같은 건 없다는 뜻일까. 오히려 굳세고 담담하다.

버려지고 거칠어져 다소 볼품없어졌지만 그 안에 흔들림 없이 단단한 중심을 간직한 나무처럼, 나의 남은 시간도 그러하기를 바란다.

개다리소반

 고찰 참배를 마치고 집으로 돌아가는 길, 한적한 동네 어귀에 커다란 항아리와 쟁기 망태기 등을 늘어놓은 골동품 가게가 눈에 들어왔다. 낡고 오래된 것들에 익숙한 마음이 흑백사진 같은 추억을 새록새록 그려내고, 나는 그곳에 자석에 끌리듯 다가가 차를 세웠다.

 크고 작은 항아리 사이에 조는 듯 앉아있는 맷돌과 돌절구를 지나 유리문을 밀고 안으로 들어섰다. 먼지 앉은 놋그릇과 작은 호롱을 받친 개다리소반 하나가 입구에서 나를 반긴다. 상다리가 개의 무릎을 닮았다는 개다리소반은 오랜 시간 손때 묻은 흔적과 쌓인 먼지를 여과 없이 내보이며 담담히 무게를 지탱하고 있다.

 예스러운 분위기에 십자수 곱게 놓은 앞치마와 하얀 머

릿수건을 한 어머니 모습이 소환되고, 쪽마루에 놓인 밥상과 그 밥을 허겁지겁 먹던 한센병 아주머니가 영화 필름처럼 겹쳐 떠오른다.

어린 시절 강원도 탄광촌 우리 집에는 매일 밥을 얻으러 오는 사람들이 있었다. 새까만 흙 마당에 봄볕이 가득하던 그날도 바가지를 들고 밥을 얻으러 온 아주머니가 슬그머니 대문을 밀고 들어섰다.

다리 밑에 사는 한센병 환우들이 아이를 잡아간다는 풍문이 있었던 때다. 아주머니는 눈썹이 없는 기괴한 얼굴로 머리와 손에 온통 흰 무명천을 둘둘 감고 왔다. 밥을 얻으러 오는 사람 중 유독 무서운 표정이다.

두 살 아래 남동생과 죽담에 앉아 무슨 놀이를 하고 있었던 것 같은데 아주머니 등장에 우리는 급하게 방으로 숨어들었다. 손바닥만 한 유리창에 눈을 갖다 대고 바깥을 살폈다. 아주머니의 움직임을 보겠다고 서로 밀치고 있는데, 어머니는 쪽마루에 앉은 여인 앞에 개다리소반을 가져다 놓으셨다. 보리밥과 고춧가루 듬성듬성한 배추김치 한 보시기 그리고 장아찌들이었다. 그 옆으로 가지런히 놓인 수저와 물 한 사발이 전부인 조촐한 밥상이었다.

조금 전에도 대문을 발로 차고 들어와 갈고리 손에 매달린 깡통을 내밀며 밥 달라던 깡마른 아저씨가 있었다. 어머니는 아저씨가 대문을 발로 차고 들어와도 우리가 이해해야 한다고 했다. 그는 나라를 구했고 우리는 그에게 갚을 빚이 있는 거라고 하셨다. 길이가 한 뼘이나 짧은 바지 때문일까? 키가 껑충 커 보이고 추워 보이던 그 아저씨보다 더 무서운 아주머니는 말없이 고개를 숙이고 밥상 앞에 바투 다가앉았다. 우리는 바깥 동정을 살피는 내내 간이 콩알만 했고, 유리창을 서로 선점하겠다고 밀쳐내곤 했었다.

아주머니가 허겁지겁 밥그릇을 비우고 대문을 나서면 동생과 나는 어머니가 설거지를 마치길 기다려, 방금 씻어 물기가 마르지 않은 숟가락과 젓가락을 찾아 뒷마당으로 갔다. 커다란 돌로 축대를 쌓은 높다란 뒷담 아래 쪼그려 앉아 흙바닥에 수저를 마구 문질러댔다.

아래로 처진 입술에서 보리밥 알갱이가 툴툴 떨어지던 모습과 힐끗 옆으로 눈이라도 치켜뜨면 눈알이 흘러내릴 것만 같은 기괴한 표정의 아주머니, 그의 입으로 들어갔던 수저로 내가 밥을 먹어야 할지도 모른다는 것은 큰 걱정이었다. 흙바닥에 문질러 표시를 해 둬도 며칠 지나지 않아

희미해지고 말겠지만, 그렇게라도 하지 않으면 밥을 먹을 수가 없을 것 같았다.

어느 날 불평을 늘어놓았다가 호되게 꾸지람을 들은 뒤라 어머니가 바가지에 밥을 담아 보내지 않고 쪽마루에 밥상을 차리는 것에는 달리 이설을 달 수가 없었다. 다만 그 수저에 표식이라도 해서 내 입으로 들어오는 것을 피하고 싶었다.

행여 밥이 식을까, 솥 전에 고봉밥을 떠 놓으시던 어머니. 밥상을 물린 뒤라도 배고픈 사람을 빈손으로 돌려보낼 수는 없다 하시던 어머니. 그때의 어머니보다 훨씬 더 나이가 들고서야 한센병 아주머니의 절박했던 처지도, 그렇게라도 살아내야 했던 상이용사들의 고난도 조금은 이해가 되었다. 그리고 그들의 어려움을 외면하지 않으시던 어머니의 깊은 마음도 알 것 같다.

이웃의 어려움에 미력한 힘이라도 함께하고자 이 길에 든 것에는 어쩌면 어머니의 영향도 있었을 것이다. 늘 더불어 살아가는 길을 일러 주신 어머니, 텅 빈 벌판에 홀로 서 있지 않고 따뜻한 손 마주 잡고 함께 한 생$^\text{生}$을 살도록 깨우쳐 주신 그 깊은 뜻 가슴에 새긴다.

  간혹 나를 아끼는 지인들이 내 넘치는 오지랖을 타박할지라도, 낡고 먼지 앉은 개다리소반처럼 묵묵히 그 무게를 감당하고 평형을 유지할 것이다. 그리고 소중한 인연들과 함께한 추억도 한 상 가득 곱게 갈무리하고 싶다.

시우쇠

"복지사는 인권도 없습니까?"

흔들리는 박 선생의 눈빛을 마주한 채 나는 잠시 답할 말을 찾는다. 사회복지 일선에서 우리의 인권을 논할 수는 없다고 애써 담담하게 말했지만, 그의 서운한 마음이 읽혀서 마음이 아리다.

'어떤 손자가 할아버지께 결투를 신청했다고 가정 해봅시다. 할아버지가 링 위에서 결투할 수 있을까요?' 비유가 적절하지 않았지만, 이심전심 뜻이 전달되었는지 그는 잠자코 듣고 있다. 돌봄 대상자는 이미 보살핌이 필요한 사회적 약자다. 노인돌봄기관의 전담 사회복지사인 그가 이를 모를 리 없다. 다만 힘든 마음을 알아 달라는 하소연이다.

노인맞춤돌봄 사업은 사회와 단절된 독거노인 세대를 지

원하는 복지프로그램이다. 간단한 일상생활 지원이 포함된 고독사 방지가 목적이다. 근년 들어 돌봄서비스 영역이 대폭 확대되면서 개인의 상황에 맞춰 달라는 요구가 끊이지 않는다.

광역지원기관 산하에 5개 구·군 14개 센터가 있으며, 가족과 사회로부터 소통이 단절된 노인과 응급 돌봄이 필요한 위기 노인이 대상이다. 휴먼서비스 특성상 예기치 않은 어려움이 있기도 하다. 그러나 최일선 활동가인 전담사회복지사나 생활지원사들은 의외로 업무 충족감이 높은 편이다. 열악한 처우에도 외로운 어르신의 마지막을 지킨다는 복지 사명감에서일까? 참으로 감사한 일이다.

시대적 변화로 보살핌에 대한 권리 인식이 확대되면서 현장엔 또 다른 어려움이 가중되기도 한다. 막무가내로 당신의 뜻을 관철하려는 민원인에게 설명이나 설득만으로 이해를 돕기에는 한계가 있다. 욕구가 충족되지 않으면 소속 부서나 상부 기관 또는 외부에까지 아전인수격 해석으로 문제를 키우기도 한다. 민원을 대하는 행정 기관 입장은 조용한 미무리를 원할 수밖에 없다. 결국 대상자의 딕없는 요구는 수행기관 몫이 되기도 한다.

이번 사례는 깨알 같은 문구를 여러 차례 설명하는 과정에서 목소리가 상냥하지 않았다거나, 중간에 말을 끊으며 설명을 하려 한 것이 상대를 배려하지 않은 처사라며, 집으로 와서 사과할 것을 종용했다. 통화 내용과 앞뒤 상황 조사를 통해 살펴봐도 직원의 중대한 잘못이라는 판단은 무리였다. 특히 집으로 가서 사과할 내용은 아니었다. 기관이 중재에 나섰지만, 집으로 사과하러 오지 않는 것에 기분이 상한 민원인은 직원의 인사 조처를 요구하며 상급 기관을 포함한 여러 관계부처에 민원을 넣기에 이른 것이다.

복지사를 직업으로 선택한 이상 유사한 상황에 늘 노출되어 있다. 인권을 논하기보다 대응하는 능력을 키워야 하는 것이라고 넌지시 일러주고 그의 손을 힘주어 꼭 잡아줬다.

두드릴수록 단단해지는 '시우쇠'를 생각한다. 수없는 망치질에 쇠는 더 단단해지고 용처에 맞는 쓰임으로 거듭날 것이다. 그러나 쇠의 특성이나 두드림의 강도를 생각하지 않고 마구 휘두르는 망치에는 쇠가 파손되고 말 것이다.

문제를 제기하는 대상자도 작정하고 누구를 괴롭히고 싶어서가 아니다. 사회로부터 고립된 자신의 처지를 비관하거나 본인의 의지와 상관없이 처해진 현 상황이 불안한 경우가 대다수다. 어쩌면 자기 비하의 표출이며 자신을 특별히 살펴 달라는 애정 욕구의 또 다른 표현일 수도 있다. 결국 외로움에 기인한 문제가 심층에 작용하고 있는 셈이다. 그래서 사소한 문제에 위축되기도 하고 때론 필요 이상 감정을 소모하기도 한다.

보편적 복지 확대로 대상자 권리가 높아졌다. 그러나 나이 들었다는 이유로, 자신의 처지가 어렵다는 이유로, 억지에 가까운 요구들이 늘어서는 안 될 일이다. 모호한 규정도 문제다. 휴먼서비스 특성상 사례마다 다른 상황을 규정에 다 담기엔 어려움이 있다. 그러나 자칫 분노 조절 장애가 있는 노인의 막무가내 요구에 현장은 물론 행정기관까지 속수무책 노출되어서는 안 될 일이다. 이는 행정력 낭비와 직원의 사기 저하로 이어져 서비스의 질적 하락 요인이 된다.

일선 행정 기관 등으로부터 돌봄 요청이 접수된 대상자는 상담을 통해 선정 과정을 거치게 된다. 선정 후도 안부 확인을 위한 전화 또는 방문에 본인 동의를 거쳐 대상자로 등록된다. 이유 없이 안부 확인을 수시로 거부하거나 장기 연락 두절 또는 수용이 불가한 서비스 요구가 잦을 때 돌봄센터의 전담 사회복지사가 개입하게 된다. 그러나 서비스 지원도 안부 확인도 거부하는 대상자에 서비스 종료 권한이 최소화 되어 있는 일선 기관으로서는 설명과 설득만으로 이를 해결하기에는 한계가 있다.

사회와 소통이 단절된 세대 특성상 고독사 위험에 노출되어 있다. '서비스 종료'라는 극단의 결정은 쉽지 않을 것이다. 다만 최소한의 규정이라도 있어야 대상자도 기관의 서비스에 협조할 것이기에 종결 규정이 필요한 것이다.

규정의 유무와 상관없이 박 선생은 이 활동을 계속하게 될 것이다. 이미 천직이 되어버린 그의 사회복지책무인 셈이다. 이는 곧 그의 보람이 되기도 할 것이다.

잦은 담금질에 더 유능하고 단단한 전문 활동가가 되길 바라며 차 한 잔이 다 식도록 지그시 그를 바라본다. 행여 두드림이 멈춘 자리에 작은 녹이라도 피어오르면 쇠는 걷잡을 수 없이 갉아 먹히고 말 것이다. 불의 온도나 망치질의 강도에 상관없이 묵묵히 본분을 지키며 나아가길 바라는 마음이다.

세상이 좀 더 따뜻하고 안전해지길 바라며, 행여 노인의 마지막 가는 길이 홀로 외롭지는 않도록 제3의 보호자 역할을 자처하고 있는 그가 시련을 이겨내고 더 단단한 쓰임으로 거듭날 것이라고 나는 믿는다.

고장 난 회로

 매년 노인일자리 사업이 시작되는 연초가 되면 사업의 참여 여부를 두고 희비가 엇갈린다. 선정된 분들은 새로운 활동과 동료를 만날 기대로 환한 미소를 지으며 들어선다. 그러나 선정되지 못한 분들은 탈락 이유를 묻거나 버럭버럭 화를 내며 아쉬움을 표출하기도 한다.

 얼마 전에는 민간 일자리 지원으로 아파트 환경미화원에 취업을 연계해 드린 김 노인이 승강기가 털컥 주저앉는 바람에 병원에 며칠 입원하는 사고가 있었다. 높은 연세를 염두에 둔 자식들의 만류도 있고 해서 일을 쉬라고 말씀드렸더니, 노인은 경제적으로 곤궁한 상황이 아님에도 불구하고 일을 쉬는 것이 인생의 낙오라도 된 듯 낙담했다. 노인은 경제적 이유보다 노년의 외로움을 달랠 적절한 사회활동과 소속감에 더 높은 가치를 두었던 듯하다.

  노인의 성화에 못 이겨 그간 경제활동을 만류했던 가족들이 찾아왔다. 신중한 논의를 거쳐 노인의 건강에 맞는 다른 일자리를 연계해 드렸다. 자식에게 짐 되지 않고 자립을 이루고 싶다는 팔순노인의 건강한 열정에 우리는 응원을 보내는 마음이 된다.

  일자리 참여를 중도에 포기한 최 할머니가 또 오셨다. 번번이 찾아와 한바탕 소란을 피워 업무 마비는 물론 격무에 지친 직원들을 당혹스럽게 한다. 일주일에 두어 번 이번이 여덟 번째 방문이다. 생활비를 걱정해야 하는 노인의 절박한 상황을 알고 있기에 마음이 쓰인다. 하지만 본인이 건강상 이유로 취업을 포기한다는 포기신청서를 제출한 사실도 기억하지 못하시니, 일자리에 앞서 병원을 먼저 연계해 드려야 할 것 같다.

  노인의 분노가 극에 달했다. 벌겋게 달아오른 얼굴에 땀방울이 맺히고 주름진 목에는 굵은 힘줄이 일어섰다. 책상 위에 올려진 두 주먹이 부들부들 떨고 있다.

  "나를 왜 쫓아내느냐? 내가 얼마나 열심히 했는데 나를 쫓아내다니!"

 같은 내용의 항변이 반복되고 있다. 가족들과 함께 두어 차례 면담했던 기억도, 당신 스스로 작성한 포기신청서도 하얗게 지워져 버린 모양이다. 다만 당신은 이곳에서 꼭 활동해야겠다고 한다. 동문서답하는 노인과 쩔쩔매는 담당자를 보다 못해 가족들이 도착할 때까지 노인을 내 방으로 모셨다.

 차 한 잔을 앞에 놓고 잠시 시간이 지나자, 마음이 조금 진정되는지 평소처럼 차근차근 가정사를 풀어 놓으신다. 없는 살림에 아들 며느리에게 짐 되는 것 같아 분가했지만, 자식이나 손주 얼굴 보기도 어렵고 경제적 어려움과 더불어 참 외롭다고 한다. 그리고 긴 이야기의 말미에는 친구들이 이곳에서 일하는데 나만 그만둘 수 없으니, 경제적으로도 어려운 자신을 꼭 일하게 해달라는 것이다.

 기관 입장을 알 리 없는 노인은 당신이 쫓겨났다는 생각에 서럽고 화가 나는 것이다. 어떤 설명을 해드려도 이해를 돕기에는 한계가 있다. 참 답답한 노릇이다. 나는 노인의 앙상한 두 손을 꼭 잡은 채 아무 말도 할 수가 없었고, 직원들은 내 이런 우유부단한 대처가 노인에게 허망한 미련을 갖게 할지도 모른다며 걱정이다. 그러나 얼마 지나지 않아서 오늘 이 시간마저 놓치고 말 노인에게 잠시라도 마음의 위안을 드리고 싶었다.

몇 개월 전만 해도 건강하던 노인이 깜박깜박 가까운 기억을 놓치는가 싶더니 이제는 지난주에 논의했던 중요한 사안도 기억하지 못한다. 다만 이곳이 의지하고 싶은 곳이며 용돈이나 생활비 일부라도 마련할 수 있는 의지처라고 생각하는 듯하다.

당신은 기어이 여기서 일해야 하니, 꼭 하게 해 달란다. 막무가내 떼쓰는 어린아이 같은 모습에서 세월의 변화 앞에 속수무책인 우리의 무력한 한계가 읽혀 마음이 허해진다.

'매슬로우'는 욕구 5단계를 통해 인간은 먹고 마시는 생리적 욕구와 위험에 안전할 욕구 다음으로 애정과 소속의 욕구가 있다고 했다. 도시의 섬처럼 높은 울타리 속 생활이 노인의 소속에 대한 갈증을 더 증폭시키기도 했을 것이다. 외로움에 기인한 마음이 서로 기대어 살고 싶다는 생각을 강하게 했을 수도 있고 얼마 전 집을 팔고 자식들과 분가하여 두 내외가 따로 살게 되었으니, 소외감이 더 높아지기도 했을 것이다.

 기별받고 허겁지겁 달려온 노인의 남편분께 잡은 손을 넘겨드리며, 길 잃고 배회하지 않게 손 꼭 잡고 가시라는 당부와 함께 배웅해 드렸다. 삶의 고갯마루 누구도 예외일 수 없는 변화를 진하게 공감하며 어둑한 시간 사무실을 나와 차에 올랐다.

 주말을 앞둔 금요일, 도로변에 즐비하게 내걸린 현수막들이 바람에 펄럭이고 있다. '역세권 마지막 기회!' 아파트 분양 광고 옆에 '떼인 돈 받아드립니다' 이색적인 내용의 현수막이 눈길을 잡는다.

 사람 사는 집은 낡아서 못 쓰게 되면 새집으로 옮겨가면 된다. 그러나 우리의 의식이나 마음이 들어앉은 육체라는 집은 허물어지고 고장 나도 부분적 수리가 가능할 뿐 이사하거나 부수어 새로 지을 수가 없다. 그래서 통째로 버리고 떠날 때까지 아끼고 다독이며 잘 보살펴야 하는가 보다. 행여 떼인 돈 받아주듯 잃어버린 정신도 찾아주는 데가 있으면 좋겠다는 뜬금없는 생각을 했다.

 10여 년 먼 길 가까운 길 발이 되어 달려주던 승용차도 이제 늙었나 보다. 라디오 주파수를 찾지 못해 바람이 심하게 불 거라는 기상예보관의 말을 제대로 전해주지 못한다. 오래 낡은 몸체를 끌고 동분서주했다며 낡은 회로를 앞세워 쉭쉭, 불평이다.

  행여 어느 날 기억 회로가 반란을 일으켜 주파수를 찾지 못하는 날이 내게도 온다면 나는 어찌할 것인가? 날이 어둑해지고 건들바람이 불어와도 정겨운 벗들과 보낸 소중한 추억들 흩어지지 않게 헐거워진 나사를 조이고 자주 기름칠도 해야겠다.

쓴맛엔 이유가 있었다

 커피 한 잔을 내려 들고 창가에 앉았다.

 주말 내내 목덜미에 보리까끄라기가 붙은 듯 불편했고 시간은 더디 흘렀다. 계속 불편했던 마음의 뿌리를 가만히 응시해 본다. 내 안에 시나브로 자라난 아는척하고 싶은 성근 가시가 명징하게 그 실체를 드러내고 경솔했던 한순간이 흰옷에 묻은 얼룩처럼 도드라진다. 번진 얼룩엔 민망함과 자책이 일렁이고 있다. 그래서 오늘 커피는 유달리 쓴맛이었는지도 모른다.

 오래전 세상이 제 키 높이만큼으로 보이던 아이가 있었다. 우물 안 개구리 같은 아이를 이뻐해 주던 직장 상사는 어느 순간 언니가 되었다. 세파의 급물살에 떠내려간 시간, 결혼과 사직으로 헤어졌고 언니를 잊고 있었다. 십수 년이 지나 언니는 수소문을 통해 안부를 물어왔고 우리는 그렇게 일 년에 서너 차례 근황을 주고받았다.

 자신을 평범한 돌이라 여겼던 아이는 늘 앞으로 나서길 주저했고 그런 아이를 보석이라 지칭하며 자존감을 세워주던 언니다. 그 언니가 켜켜로 쌓인 세월의 각질을 어쩌지 못해 두어 달 전 하늘나라로 떠났다 한다.

 행여 먼 길 달려올까, 부의도 전하지 못했다던 형부가 오셨다. 마지막 가는 길 배웅도 못했는데 배우자를 먼저 보낸 팔순 중반의 형부가 처진 어깨로 오셨으니 따끈한 밥이라도 대접하고 싶었다. 식당을 예약하고 하얀 봉투에 절절한 마음 담은 여비도 챙겨 넣었다.

 못 뵌 사이 많이 노쇠해진 형부는 얇은 오리털 점퍼 차림에 낡고 좁다란 빨간 목도리를 하고 서울에서 예까지 오셨다. 자식들이 챙긴다고는 해도 따로 떨어져 살고 있으니, 의복을 신경 써 줄 가족의 부재가 한눈에 읽혀 마음이 짠했다.

 저녁을 같이하려고 내 사무실 인근에 있다는 조카분도 오셨다. 나는 서둘러 차를 내왔고, 그 사이 형부는 어디서 걸려온 전화에 한참을 응대하고 계셨다.

"내 올라가면 바로 약정서에 사인해 드릴께요."

무슨 일인가 궁금해하는 우리의 표정을 읽은 듯 형부가 설명을 덧붙였다.

"추운 날씨에 서울역 등지에서 무료 급식을 제공하는 단체가 여럿 있다. 내 재산 일부를 기부하기로 했다. 올라가면 약정서에 사인해 주려 한다."

순간 전원스위치가 켜지듯 내 오지랖이 작동하고 말았다.

"형부, 기부는 좋은데 혼자 결정하지는 마세요. 얼마가 되던 아이들과 꼭 상의해서 결정하셔요. 절대로 급히 서둘지 말고 아이들과 상의하셔야 해요."

이쯤 했으면 좋았으련만 기어이 속엣말을 쏟아내고 말았다.

"나이 들었어도 혹시 병환으로 누워있어도 돈이 있어야 해요. 재정관리에 특별히 신경 써야 합니다."

아뿔싸! 이 무슨 망발인가. 인생을 살아도 나보다 더 사셨고 사회적 경륜으로 봐도 내가 나서서 개입할 처지는 아니지 않는가. 그 순간 무슨 오작동에 그런 망발을 했는지 경솔한 내 행동이 다시 돌아봐도 참으로 부끄럽다. 형부가 당장 전 재산을 다 기증하겠다고도 않았는데 나는 왜 상담을 청하는 내방자를 대하듯 어려운 일이 생기면 어쩌나 하는 걱정을 먼저 떠 올렸던 것일까?

 사회복지 현장 특성상 내방자의 여러 가지 사례와 접하게 된다. 자식보다 더 살가운 누군가로부터 잦은 생필품 선물을 받고 그냥 있기 미안해서 고가의 의료기기를 구매했다는 대목에서는 안타까운 마음이 되기도 한다. 카드 대금을 두고 가족 간 볼멘소리가 오가고 사태의 원인이나 과정은 생략된 채 자식들의 이해를 얻지 못한 노인이 분노하고 종래엔 서러워하면서 일단락이 되곤 한다.
 어쩌면 노인은 마음의 허기를 달래지 못해 그렇게라도 허한 마음을 채우려 했을지도 모른다. 하지만 자식들 역시 경험하지 못한 노년의 외로움을 다 이해하기에는 한계가 있다. 그래서 더욱 서로를 이해할 수 있는 허심탄회한 소통의 시간이 필요한 것일지도 모른다.
 지난주다. 만난 지 두어 달 된 여인과 살림을 차리겠다며 자식들에게 전격 통부한 아버지를 좀 말려달라며 말순 노인의 막내딸 최 여사가 방문했다.

그간 혼자서도 잘 지내 왔는데 왜 새살림을 차리려 하는지 도무지 이해할 수 없다고 한다. 20여 년 전 돌아가신 어머니와 함께 이룬 집에 아버지의 새 여인이 공동명의자로 등재되다니, 이는 안 될 말이라며 울먹였다. 노인은 우리 기관 이용 어르신이라 나도 잘 아는 분이다.

각자 입장의 차이가 있다. 노인의 외로움과 내일을 보장할 수 없는 건강에 대한 불안을 자식들은 잘 이해하지 못한다. 어쩌면 노인은 얼마가 될지 알 수 없는 자신의 부양 부담을 자식에게 전가하고 싶지 않았을 수도 있다. 그러나 소통은 이미 단절되었고, 내 재산 내 마음대로 하겠다는 아버지 뜻과 재산을 지켜내지 못할지도 모른다는 자식의 염려가 상충되고 있다.

'나이 들면 당연히 판단이 흐려질 거라고 지레 걱정하지는 말라고, 가끔 특수한 사례도 있지만 일반화하기는 무리가 있으니 일단 아버지 의견을 존중하고 형제들과도 상의해 보라'는 내 말에 고개를 주억거리며 그녀는 돌아갔다.

그랬던 내가 고령 노인이라는 이유만으로 판단이 잘못되지 않을까를 먼저 염려하며 형부의 결정을 폄훼하고 말았다. 노인의 판단을 우려하던 자식들보다 더 미숙하고 무지

한 모습을 여과 없이 드러낸 것이다. 늦었지만 지울 수만 있다면 지워내고 싶은 심정이다.

 두서없이 불쑥불쑥 일어서는 불편한 생각들을 털어낼 심산으로 커피잔을 내려놓고 전화기를 집어 들었다.

 "형부 날씨가 찬데 서울 잘 올라가셨어요?"

 "응 대접 잘 받고 왔다. 고마웠다. 경주 동생들 만나 하룻밤 더 보내고 다음 날 저녁 늦게 서울 도착했다."

 형부의 밝은 음성에서 무거웠던 마음이 다소 희석된다. 재산 기증 건은 여전히 걱정되지만 더는 거론하지 않기로 한다. 입속에 못다 삼킨 음식 같은 '자식들과 의논을…'이란 말도 속으로 눌러 삭인다.

 보고 싶은 얼굴들 만나고 싶어 내려왔다던 형부의 남은 날들이 아름답게 갈무리되길 응원한다. 행여 너무 늦기 전 한 번 더 다녀가시길 바라본다.

그녀의 선택

 화창한 아침, 바람이 상쾌하다. 출근하자마자 차를 내오는 직원의 얼굴이 오늘따라 더 환하다. 반려견이 어젯밤에 예쁜 강아지를 세 마리나 낳았다 한다. 축하한다고 했더니 대뜸 식구가 너무 많아졌다며 "한 마리 드릴까요?" 한다. 나는 황급히 손사래를 쳤다. 사랑스러운 생명체가 곁에 있으면 삶의 활력이 될 수도 있을 것이다. 하지만 소중한 생명을 맡아 끝까지 돌보고 보살펴야 할 책임의 무게를 생각하니 도저히 감당할 자신이 없었다.

 어느 날, TV 다큐멘터리에서 200여 마리 개와 사는 여자를 보았다. 한때 육상선수였다는 그녀는 억대의 사료비 부채를 걱정하면서도 그 삶을 놓으려 하지 않았다. 매일 특별식을 만들고 개들을 목욕시키며 한 방에서 뒹굴고 있었다.

유기견을 돌보는 하루는 분주하고 벅차 보였다. 막무가내로 매달리는 개들에게 둘러싸여 밤이 이슥토록 이불 빨래를 하는 여자는 건강이 좋지 않았다. 신경이 누르고 있다는 허리통증을 진통제로 견디면서도 여자는 웃고 있었다. 나는 그녀의 행복해 뵈는 미소 그 뒤에 어떤 마음이 자리하고 있는지 한번 만나보고 싶다는 생각이 문득 들었다.

그녀처럼 열린 마음을 가진 이웃이 있어 세상이 따뜻하게 돌아간다고 생각하니 고마웠다. 하지만 그런 마음 한편으로 그녀도 어쩔 수 없이 펼쳐진 상황을 차마 외면하지 못해 개와 사는 여자가 되지는 않았을까 하는 생각이 설핏 스치기도 했다.

건강이 좋지 않은 그녀가 개의 보호자가 되어 사료비 마련의 어려움을 호소하는 현실에서 내 지난 시간이 떠오르기도 했다.

오래전 노숙자 구호사업을 맡아 애태웠던 적이 있다. 다리 밑에 기거하는 노숙인들의 결식을 방지하기 위해 동분서주했었다. 하지만 IMF 경제위기로 너나없이 어려웠던 터라 늘 부족한 부분이 있었으니, 이를 채우기 위해 동동거리느라 내 건강은 돌아볼 여유가 없었다. 인연 닿는 사찰에

도움을 요청하고 그도 모자라면 친지들에게까지 손을 내밀어 주 부식 재료를 마련해야 했다.

여럿이 힘을 모아 무료 급식소를 열고 병의원에 무료 진료를 연계하는 등 분주한 날이 이어졌다. 때로는 격려를 보내는 순한 눈빛들에 힘을 얻기도 하고, 이해를 바라기에 너무 먼 비난이나 나무람에는 위축이 되기도 했다. 그런 날이 1년쯤 이어지는 때 나는 한쪽 시력을 잃고 말았다. 어쩌면 그때 나를 걱정하던 가족들도 '개와 사는 여자'의 선택을 근심스럽게 바라보는 지금의 내 심정과 비슷하지 않았을까 싶다.

주변 사람들의 만류에도 불구하고 차마 떨치고 외면할 수가 없었던 이유를 세월이 많이 흐른 지금도 나는 명쾌하게 답하지 못한다. 다만 누군가는 꼭 해야 할 위기 상황에 내가 해낼 수 있을 거란 섣부른 자신감이 있었고, 고질적인 오지랖이 작동되었다고 하면 대략 변명 같은 이유가 될런가.

옷소매를 잡아 흔들며 노숙자 구호에 아무런 상관도 없는 네가 왜 한쪽 눈까지 바쳐야 하느냐며 울먹이던 친구의 다그침에 답할 말을 찾지 못한 나는 선생님께 야단맞는 학생처럼 고개를 떨구었다. 친지나 가족들은 노숙자 구호에 완전히 미친 나를 어떻게 구해내야 하는가를 두고 고민했었다 한다. 내가 개와 사는 그녀의 처한 상황을 오롯이 이해하지 못하듯 내 가족 친지들이 나를 이해하여 주길 바라기에는 무리가 있었던 것이다.

그녀가 주인을 찾아 헤매는 강아지의 애절한 눈빛을 차마 외면하지 못해 보호자를 자처하고 나섰을 수도 있다. 그러나 제 몸이 망가지고 감당할 수 없는 부채와 가족들 외면까지 감내하면서도 그 길을 선택했을 때는 분명 그녀만의 남다른 삶의 가치가 있었을 것이다.

바람이 휑하게 드나드는 낡은 비닐하우스, 곧 비워달라는 지주의 독촉에도 개들과 함께 행복할 수 있는 그녀의 남다른 삶의 방식을 나는 진심으로 존중하고 싶다. 그녀가 병들고 버려진 강아지를 외면하지 못하는 착한 사람이거나, 가족 친지들의 애타는 마음보다 제 가치관이 우선인, 다소 이기적인 사람이라 할지라도 세인들의 지나치게 단편적인 시각에 함부로 재단되지는 않았으면 싶다.

그녀의 특별한 삶이 지탄받을 일이 아니라면, 나무라기보다 다른 각도의 옹호와 격려를 보내줘야 한다는 생각이다. 유기견이 들개가 되어 떼로 몰려다니며 민가에 끼치는 무시할 수 없는 폐해는 이미 사회적 문제가 되고 있다. 무엇보다 우선하여 생명의 존엄을 외면하지 못한 그녀의 본성이 길 위의 생명을 거두게 했을 것이다. 그래서 나는 그녀의 헌신과 수고에 감사한 마음이 된다.

  삶의 방식이 저마다 다르듯 부여하는 의미나 가치도 다르기 마련이다. 다름을 틀림으로 이해하는 편협한 가치관이 내게는 없었는지 다시금 돌아보게 하는 아침이다.

  강아지의 예쁜 모습을 애써 설명 중인 직원이 차가 다 식어가도록 새 생명을 내게 안겨주고 싶어 안달하고 있다. 아직은 바빠서 어렵겠다며 완곡하게 거절했지만 언젠가 반려견을 키워보고 싶다는 생각을 처음으로 해봤다. 나는 마음만 받겠다며 비어버린 찻잔을 내밀었다. 등을 보이며 나가는 그의 살갑고도 고마운 마음에 흐뭇한 미소로 답한다. 그녀의 따뜻한 마음에도 기분 좋은 하루가 열리길 바란다.

저승 문 앞에서

 실눈을 떴다. 희뿌연 빛이 들어온다. 벽도 커튼도 온통 흰색이다. 익숙하지 않은 분위기, 공기마저 낯선 어딘가에 무방비로 놓여있다. 가물거리는 의식을 안간힘으로 붙잡으려 애를 쓴다,

 "깨어나셨어요?"

 "여가 어딘지 아시겠어요?"

 "엄마 나 알아보겠어요?"

 아! 딸이다. 안심이다. 알 수 없는 허공을 부유하다가 잠시 어느 곳에 머문 듯, 작고 가느다란 줄 하나를 붙잡은 느낌이다.

 침대를 둘러 늘어선 사람 중 흰 가운을 입은 중년의 남자가 눈꺼풀을 뒤집으며 불빛을 들이댄다. 아, 그가 의사인

모양이다. 내 동공이 움직였던가. 링거 줄을 확인한 그는 '다행히 시술은 무사히…, 라 한다. 시술? 영화필름처럼 지난 일들이 되살아났다. 그랬다. 머릿속이 천둥 치듯 요동하고 방안의 기물들이 소용돌이쳤다. 참을 수 없이 팽창된 압력에 머리가 통째로 폭발해 버릴 것 같은 고통, 그 극심한 고통 속에 구급차를 타고 병원으로 왔었지……

누워서 올려다본 여러 사람이 내 의식을 탐색하는 가운데 점차 의식이 돌아오고 있다. 다행히 통증은 없다.

설핏 잠이 들었던가? 혈압을 재는 간호사의 기척에 눈을 떴다. 가족들은 자리를 비웠는지 혼자다. 건너편 침대에서는 끙끙 앓는 소리가 난다. 복잡하고 중요한 사안들을 어질러 놓고 이리 누워있어서는 안 될 것 같아, 나를 좀 일으켜 달라고 했다. 간호사의 조심스러운 손길에 침대 위에 비스듬히 기대어 앉게 된 나는 어려운 마방진을 풀 듯 생각에 잠겼었다.

어느새 곁에 와있는 딸에게 내 핸드폰을 달라고 했다. 우선 몸담은 직장으로 전화를 걸었다.

"뇌출혈로 병원 중환자실에 있다. 당분간 어떤 결정도 결재도 할 수 없다. 전권을 위임하니 업무에 차질 없도록 잘

챙기길 바란다."

많이 놀랐을 것이다. 폭탄선언 같은 내 말에 당황한 기색이 느껴진다. 몇 마디 궁금증을 참지 못해 물어왔지만, 나중에 라고 하며 전화를 끊었다.

다음은 서울협회 사무국에 전화했다.

"내가 이러저러한 상황으로 중환자실에 있으니, 통화도 어렵겠고 어떤 결정도 할 수 없는 상황이다. 다음 주로 예정된 전국 직원 워크숍은 국장에 위임하니 계획서대로 준비하고, 그 외 결정 사항은 반드시 부회장 세 분과 의논하여 집행하라."고 했다.

전국에 분포한 기관의 종사자 워크숍이 속초에서 치러질 예정이었다. 이미 계획 공문을 검토하고 결재를 마친 상태니 그리 진행하면 별문제가 없을 것이다. 다만 전국에 산재해 있는 육백여 명 종사자의 교육과 워크숍을 겸한 1박2일 행사다. 계획에 명시되지 않은 상황에 직면할 수도 있을 것이다. 만약의 사태에 사무국장 혼자 결정하고 그 책임을 지게 할 수는 없다. 권역별 대표를 맡고 있는 세 분 부회장과 반드시 논의할 것을 지시하고 전화를 끊었다.

몸은 약간의 무력감을 제외하면 괜찮은 것 같은데 팔에

는 링거 줄이 주렁주렁 달려있고 대소변을 침대 위에서 기저귀에 보라고 한다. 정신이 말간데 어찌 누운 채 볼일을 볼 수 있는가. 화장실에 갈 것이니 부축을 해 달라고 했다. 간호사가 안 된다고 한다. 나긋나긋 설명했지만, 내용은 단호했다. 낙상 사고의 위험이 있어 규정상 환자는 침대에서 내려올 수가 없을 뿐 아니라 중환자실에는 아예 화장실이 없다고 한다. 부축해 주면 복도 화장실로 갈 수 있을 것 같았다. 졸라봤지만 안 된다는 대답만 돌아왔다.

잠깐인 듯한데 밤이 지나고 이튿날 새벽이다. 피를 뽑고 혈압을 재고, 간호사가 다녀간 후 아침밥이 들어오고 곧이어 담당 의사가 왔다. 이름을 물어보고 여기가 어딘지 아느냐, 어디가 아파서 왔는지 묻는다. 대답에 이어 간절한 어조로 간청했다.

"밖에 바쁜 업무가 산적해 있어 빨리 가봐야 합니다. 언제쯤 퇴원이 가능할까요?"

의사의 어이없다는 표정이 면상에 와 꽂힌다.

"강을 건너갔다 온 것은 알고 계시죠?"

그래서 어쩌라고요? 이번에 내가 어이없는 표정이 된다.

"밖의 일들은 모두 잊으십시오. 그리고 식사량을 늘리십

시오. 그렇지 않으면 뇌 혈관연축이 올 수도 있으니 억지로라도 식사는 모두 해야 합니다."

그의 고압적 태도에 더는 이설을 달수도 없고 난감한 상황에 놓인 것이다. 뇌혈관에 삽입한 스탠드가 잘 장착되고 있는지 확인이 필요하다며 간호사에게 몇 가지 지시를 하고 그는 병실을 나갔다.

싸늘한 수술실, 혈관 조형술을 기다리고 있다. 서혜부 동맥을 통해 뇌혈관을 살펴볼 모양이다. 잠들면 안 되니 마취도 생략이다. 언제 억센 손아귀에 쥐어진 무쇠 칼이 목을 내려칠지도 모를 도마 위에 놓인 한 마리 생선에 다를 바 없다.

전날 저녁 모임을 마치고 뒤풀이까지 즐거운 시간이 이어져 늦은 귀가를 했다. 잠자리에 들면서 막연하게 오늘 밤을 그냥 넘기지는 못할 것 같다는 생각이 들었다. 밤사이 만약에 어떤 문제가 생기면 어찌할 것인가? 구체적인 시뮬레이션이 되었다. 인근에 살고 있는 딸아이를 부를 것인가. 아니면 119구급차를 불러야 할까? 결론은 아이들이 놀라지 않게 구급차를 불러야겠다. 생각하면서 잠이 든 것 같은데 새벽녘 알 수 없는 통증이 엄습해 왔고 핸드폰으로 구조를 요청하게 되었다.

다그치듯 물어오던 목소리가 아직도 귓가에 쟁쟁한데, 본인이 맞냐고 재차 확인하던 구급대원들의 신속한 대처가 한 생명을 살려냈다. 그리고 지금은 하얀 시트 위에서 목숨줄을 부여잡고 두려움에 떨고 있다.

인간의 생명을 관장하는 어느 힘에 의해 이승에 남겨졌는지는 알 수 없지만 뇌혈관 파열 상황에서도 밖에 벌려놓은 일상을 걱정할 정도로 살려낸 유능한 의료진에 감동한다. 그리고 빛의 속도로 달려와 준 119구급대원들의 민첩한 대응이 진심 감사하다. 남은 시간도 최선을 다해준 그분들의 값진 노력이 헛되지 않도록 알차게 꾸려갈 것이다.

2부

- 나만 보였다
- 아름다운 이별
- 오래 들여다보다
- 비 오는 날에
- 친절한 팥쥐
- 억대 부자
- 어머님이 물려주려던
- 잠겨있는 문

나만 보였다

 한적한 오후 그늘이 길게 마중 나온 산밑에 도착하니, 저만치 작은 암자에 입시 기도를 알리는 현수막이 바람에 나부끼고 있다. 나는 타임머신을 탄 듯 기억 저편으로 날아가 낡은 흑백사진 같은 지난 시간을 더듬는다.

 아들의 대학 시험 낙방에 평상심을 잃고 허둥대던 때가 있었다. 그때는 다른 사람 마음이 보이지 않았다. 아들의 처진 어깨와 그를 바라보는 한없이 작아진 나만 보였다. 여느 부모들처럼 내 자식이 최고가 되어야 한다는 편협한 생각에 갇힌 철부지 어미였지 싶다.

 부부 동반 모임에 뒤늦게 도착한 친구가 싱글벙글 아들의 대학 합격 소식을 들고 왔다. 그것도 취업이 보장되는 **특수학과** 합격이라며 목소리에 힘이 실렸다. 박수가 터져 나오고. 축하와 부러움이 담긴 덕담들이 이어졌다. 그는 조금 전까지 내 아들의 낙방 소식을 제 일인 양 걱정하던 좌중의 무거운 분위기를 단번에 바꾸어 놓았다.

화기애애한 가운데 식사가 끝나자, 그녀는 2차 노래방은 자기가 쏘겠다며 설레발이었고, 나는 걱정할 소식을 전하고 의기소침해 있던 터라 당혹스러웠다. 평소 활달하다 못해 세심함과는 거리가 먼 그의 성품을 감안할 여유가 없었다. 그냥 서운하기만 했다. 어쩜 저럴 수가 있을까, 상대를 배려하지 않는 그의 처사가 무례하게 느껴졌다.

오래 가족처럼 지냈다. 합격 소식은 의당 함께 기뻐할 일이었는데 나는 내 입장 같은 건 안중에도 없는 그에게 불편한 마음이 앞서 건성건성 축하의 뜻을 전하고 말았다. 그렇다고 내 옹졸함을 여과 없이 내보일 수는 없으니 울며 겨자 먹기로 노래방까지 동행했다. 속마음을 숨기느라 애를 쓰면서.

술이 몇 순배 돌자 불콰해진 일행들은 흥을 주체하지 못하고 다 같이 잔칫집 분위기를 연출했다. 거듭 술잔을 부딪치며 축하와 덕담이 오갔다. 축하 파티는 불편한 가운데 새벽까지 이어졌고, 나는 흥겨운 분위기에 온전히 젖지 못하는 심기를 감추느라 먼저 자리를 뜨지도 못했다.

옆에서 빠른 템포의 노래를 열창하고 있는 남편에게 싸늘한 눈길을 보냈지만, 내 마음을 아는지 모르는지 일행들과 함께 즐거운 분위기에 취해있다. 누구를 나무랄 수도 화를 낼 수도 없었던 그날의 노래방 파티는 내 기억의 갈피에 오래 씁쓸한 기억으로 남겨졌다.

아이들이 어릴 때는 텐트를 둘러메고 들로 산으로 함께 몰려다녔었다. 그러다 보니 아이들도 내 집 네 집 없이 형제처럼 지낸 사이다. 합격의 기쁜 소식을 전하던 친구의 아들도, 다음 해 대학생이 된 내 아들도 지금은 사회의 일원으로 제 역할들을 하는 건장한 젊은이로 성장해서 잘살고 있다. 대학입시 낙방이 인생 낙오라도 되는 양 필요 이상 걱정할 필요는 없었던 것을, 그때는 왜 그리 마음에 여유가 없었을까.

세월이 한참 지난 어느 날, 다른 지역으로 갈 일이 있어 버스에 몸을 싣고 출발을 기다리고 있었다. 창을 통해 들어온 햇실에 노곤해진 몸을 의자 깊숙이 기대니, 기다렸나는 듯 잠이 밀려왔다. 잠을 쫓으려고 자세를 가다듬고 책을 펼쳐 들었지만, 무거운 눈꺼풀을 어쩌지 못하고 그만 깜박 졸았던가 보다.

옆자리 승객의 기척에 눈을 떠보니 듬성듬성한 빈자리가 채워졌고, 버스가 뒤로 미끄러지고 있었다. 나는 황급히 발에 힘을 줘 브레이크를 밟았다. 평소 습관대로 몸이 먼저 반응한 것이다. 발에 힘을 풀지 않았는데 차는 계속 뒤로 밀려갔다. 아뿔싸! 이를 어쩌랴! 정신을 차려보니 내 차가 아니다. 나란히 서 있던 옆 차가 앞으로 나아가고 있었다. 내가 탄 차가 뒤로 밀리는 게 아니었다.

어쩌면 오랫동안 형제보다 더 가까웠던 친구도 앞으로 나아갔을 뿐, 옆 차를 뒤로 밀어내려는 의도는 없었을 것이다. 합격의 기쁨을 온몸으로 표현했을 뿐 누구를 아래로 끌어내리려는 뜻은 없었던 것을. 다만 내 마음이 상대적으로 추락했던 거다.

세상을 살다 보면 갖가지 상황과 만나게 된다. 그럴 때면 역지사지 상대의 입장이 되려고 노력한다. 그러나 지나고 보면 내 안경 너머로 상대를 살피고 다 이해한 것으로 착각하며 살아왔던 것 같다. 내 안경이 검은색이지 혹은 붉은색

인지 간파할 여유도 없이 다 안다고, 다 이해했다고 판단하며 때론 상대의 잘못으로 몰아가는 우를 범하기도 했을 것이다.

 나 어느 때, 어떤 인연에 의해 옆 차보다 먼저 출발을 하거나, 대열에서 한 뼘쯤 높아졌더라도 무지했던 내 지난 시간을 돌아보며 무릎을 조금 굽히거나, 서둘지 않고 천천히 배려하며 나아가도록 노력할 것이다.

 현수막이 나부끼는 산에도 푸르게 혈기 왕성했던 때가 있어 농익은 붉은빛이 물들었을 것이다. 이제 그마저 내려놓고 서서히 물기를 말리는 것으로 보아. 머잖아 도래할 겨울 채비에 드는 듯하다. 일주문 앞에 이르자 뎅그렁뎅그렁 풍경소리가 절집 마당 가득 내려앉고 있다.

아름다운 이별

 개나리 노랗게 피어나고 햇살이 눈 부신 날이다. 20여 년 무료급식소 이용 어르신들께 무료 진료를 해주던 의사 선생님이 병원을 접고 요양병원 원장으로 가셨다기에 감사 인사를 드릴 겸 가벼운 마음으로 찾아뵈었다.

"삶의 끝자락을 돌보는 일이라 남다른 보람이 있으시죠?"

"내가 할 수 있는 게 한계가 있으니…."

 연하곤란으로 경관 유동식을 해야 하는 노인, 그리고 장기 와상 노인에 발생할 수 있는 욕창이나 예기치 않은 골절 등 간단하지만 미리 알아두면 좋을 의료상식을 일러주시던 원장님은 50대 후반 대장암 환우의 막바지 사투를 떠올리시는 듯 잠시 숙연한 표정이 되셨다. 나도 어느 날 TV에서 보았던 호주 최고령 과학자인 104세 데이비드 구달 박사의 스위스로의 자살 여행 장면이 떠올라 함께 숙연해졌다.

자신의 안락한 마지막을 위해 자살이 합법적으로 인정되는 스위스로 자살 여행을 떠난다던 노인, 그의 '환희의 송가'를 흥얼거리던 미소 띤 모습이 참 아름답게 뇌리에 남았다. 그 후도 언론을 통해 자살 여행 대열에 동참한 영국과 중동 국가의 대부호들 그리고 독일 일본 등지에서 신청한 참가자가 줄을 잇고 있다는 이야기를 접하기도 했다.

우리나라도 2016년 '연명의료결정법'이 통과되면서 존엄한 죽음에 대한 사회적 관심이 높아지고 있다. 2017년 10월 시범사업을 통해 연명의료결정제도가 공식 시행되었다. 임종을 앞둔 환자의 자기 결정권을 존중한 임종기 의료지원이 적극치료에서 완화치료 가능으로 전환되었다. 안락사가 인정되는 네덜란드나 벨기에, 룩셈부르크, 스위스, 콜롬비아, 캐나다 등과 같이 우리나라도 존엄한 마무리를 위한 자기 결정권이 인정되는 국가에 든 셈이다.

'안락사'와 '존엄사'를 두고는 아직 많은 논란이 있다. 하지만 환자와 전문가의 요청에 의한 적극적인 의료적 개입으로 생의 마감을 조력하는 안락사가 되든, 회생 가능성이 없는 환자가 무의미한 연명치료를 포기하고 자신 또는 가족의 동의하에 적극적인 의료 행위 대신 완화의료를 선택하는 존엄사가 되든, 인간으로서의 마지막 존엄을 지켜내고 편안한 이별을 준비할 수 있게 지원하는 것임에는 틀림이 없다. 이런 가운데 '사전연명의료의향서'에 대한 사회적 관심이 점차 높아지고 있다니 조심스럽지만 반기는 마음이기도 하다.

오래전 호스피스 봉사활동을 했다. 임종을 앞둔 환우들의 생명에 대한 무서우리만치 강한 애착에 직면하기도 하고, 때론 극심한 고통 속에서도 떠날 시간이 스스로 찾아와 주길 속수무책 기다릴 수밖에 없는 우리의 무력한 한계에 함께 안타까워하기도 했다.

이 순간도 축복받는 새 생명이 태어나기도 하고, 마지막 간이역에서 아쉬운 작별의 시간을 에우며 한줄기 향 연기에 이승과의 하직을 고하는 이가 있을 것이다. 어쩌면 어느 병상에서는 시시각각 엄습 해오는 극심한 통증을 견디며 최후의 순간이 어서 와 주길 간절히 기다리는 환우가 있을지도 모른다.

이제 완화의료를 지나 더 적극적이고 편안한 마무리를 위한 사회적 분위기 확산과 제도적 여건이 마련되어야 한다. 필요 이상의 번거로운 절차는 간소화하고 예기치 못한 부작용에 대해서는 깊은 고민과 사회적 합의를 도출 해내야 한다. 특별히 우선되어야 할 것이 있다면 당사자의 안락한 마지막을 위한 배려가 주된 목적임을 간과하지 말 일이다.

사위어 가는 생일지라도 생명 그 자체로 존엄한 것이다. 그러니 강요하거나 부추길 필요는 없다. 다만 남은 시간이 심신의 견딜 수 없는 고통의 연장일 뿐 더는 회생 가능성이 없는 상황이라면 '존엄한 마무리'를 선택할 본인의 권리를 존중하자는 것이다. 자신의 의지로 이땅에 오지는 못했을지라도 한 생 치열하게 살아낸 마지막 마무리가 고통으로 일그러진 피폐한 이별일 필요는 없다.

우리 중 뉘라서 생生에 대한 애착이 없을까만 남은 시간이 짧을수록 생명에 대한 애착은 더 깊어지게 마련이다. 하지만 이별보다 더 두려운 것이 누구도 비켜 갈 수 없는 막비지 고통일 것이다. 그래서 죽음을 대하는 사회적 분위기도 이제 연명치료에 의존해 고통의 시한을 이어가게 할 것이 아니라 환우 자신의 결정에 의한 편안하고 존엄한 갈무리가 가능토록 조력해야 한다는 생각이다.

변화되고 있는 일련의 상황들이 먼 남의 이야기로만 느껴지지 않는 것이 내 살아온 날보다 돌아갈 날이 더 가까운 시점에 와 있기 때문일지도 모른다. '자는 듯이 가고 싶다.'를 진언처럼 읊조리던 많은 어르신의 소망이 무리 없이 이루어지는 날이 머잖아 올 것이라 기대를 해 본다.

한 생生이, 탄생에서 이별까지 포괄적인 의미가 포함되어 있다. 탄생이 축복이듯 이별 또한 슬플 필요는 없다. 어차피 생명이 유한한 거라서 떠날 때가 되면 기어이 떠나야 하는 것이다. 늦은 밤 피곤한 몸을 누이듯 가벼운 마음으로 잠들 수 있게 제반 여건이 갖추어지길 바라본다.

오래 들여다보다

 T.V 불량식품 관련 방송에서 산 채로 튀겨져 호화로운 요리상에 오른, 눈을 동그랗게 뜨고 입을 뻐끔거리는 커다란 생선이 방영됐다.

 요리 과정에서 보여준 펄펄 끓는 기름 솥과 억지로 구부려져 머리와 꼬리를 남긴 채 몸통만 튀겨지는 전경은 가히 엽기적이었다. 어느 대학 동물학 교수의 친절한 설명으로는 순하게 눈만 끔벅이던 그 생선이 척추동물이라 고통을 고스란히 느낀다는 것이다. 동물애호가들의 지탄에도 아랑곳없이 신선도가 생명이라 어쩔 수 없다는 음식점 주인의 옹색한 변명이 이어졌다.

 저항 한 번 못 하고 산 채로 튀겨지는 커다란 생선을 바라보고 있는 내 마음에 둔탁하고 긴 통증이 밀려왔다. 우리의 잔인성, 그 한계는 어디까지인 걸까?

  오랜만에 모인 지인들과 저녁 식사 자리에서도 시사에 관한 가벼운 대화에 이어 아침에 방영된 충격적인 튀김 생선 이야기가 화제에 올랐다. 모임을 마치고 방향이 같은 지인 몇이 내 차를 타고 돌아오는 길, 뭔가 2% 부족한 듯 튀김 생선이 다시 거론되었고, 분위기에 편승한 나는 우리 인간의 잔인성을 논하며 아침에 느낀 기분을 가감 없이 털어내고 말았다.

  지인들의 동의와 공감으로 화제가 마무리되고 일상의 잡다한 이야기로 전환될 즈음, 잠자코 우리의 이야기를 듣고만 있던 H 선배가 "내일 가족들과 외식하려고 횟집을 예약해 뒀는데 듣고 보니 어째 마음이 영 꺼림직한 것이 내키지 않네." 한다. 아뿔싸! 이 무슨 궤변인가. 나는 뒤통수를 호되게 얻어맞은 듯했다. 이미 뱉은 말을 주워 담을 수도 없고 내심 민망함이 밀려왔다. 어떻게 내 안의 갖가지 마음 작용은 감지하지 못하면서 타인의 문제는 이리 또렷이 보이는 것일까?

  얼마 전이다. 평소 영 어설프기만 한 내게 신뢰와 지지를 보내주던, 그래서 늘 힘이 되는 가까운 분들 모시고 일식집으로 저녁을 먹으러 간 적이 있다. 예약한 음식들이 나오고 요리상 가운데는 얇은 대팻밥으로 만든 범선 한 척이 조형물로 올려진 커다란 쟁반이 들어왔다. 그 위에 몸통이 얇게 저며진 돔 한 마리가 산 채로 누워 있었다.

눈을 감지 못하는 생선이 나를 빤히 쳐다보는 것 같기도 하고 조금씩 움직이는 입 모양이 몹시 부담되었지만, 우리는 깻잎으로 생선의 눈을 슬쩍 가리고 맛나게 그날 저녁을 먹었던 기억이 떠올랐다.

비록 눈을 가리기는 했지만 화기애애한 분위기로 저며진 횟감을 먹었던 내 안에 내재된 잔인성은 묻어두고 산 채로 튀겨진 생선에서 인간의 잔인성 운운하며 주접을 떨었으니, 이 얼마나 웃기는 일인가. 그뿐 아니다. 행여 가까운 지인이나 가족들이 취미로 낚시를 이야기할라치면 하필이면 남의 생명으로 유희를 즐기려 하느냐고 은근히 나무라기도 했었다.

바다에서 나는 먹거리를 유독 좋아하는 터라 가끔 횟집도 가고 매운탕도 즐겨 먹으면서 입으로는 비단결 같은 말로 남을 비난하거나 타일렀던 날들이 내가 모르는 가운데 또 얼마나 많았을까.

　오늘 타인의 눈을 통해 나를 바라본다. 내 안에 내재된 잔인성을 재는 잣대는 한여름 엿가락처럼 늘어져 있고 타인의 허물을 보는 눈은 엄동설한 서릿발같이 날카롭지 않았는지 돌아보게 된다. 그리고 누군지도 모를 그들에게 쏟아낸 수없이 많았을 내 오만과 무지를 용서받고 싶다.

　남이 하면 불륜이고 내가 하면 로맨스라는 우스갯소리가 있지만 나 자신이 이렇게 표리부동한 줄 몰랐으니 내심 민망하기 짝이 없다. 오늘 내 가슴속 오만을 내려놓고 자신을 향한 올곧은 자 하나 가슴에 새기며 부끄러운 마음 오래 들여다본다.

비 오는 날에

  빗소리가 제법 요란하다. 여름의 초입에 든 숲에도 푸른 생기가 돈다. 이런 날에는 막걸리에 김치전이라도 곁들여 옆에만 있어도 든든할 벗이랑 술 한 잔 기울이고 싶다.

  한때 바쁜 업무에서 놓여나 여유로운 시간을 갖고 싶다는 바람을 품기도 했다. 맡겨진 일의 무게가 버거웠던 긴 날이 지나고 다소 여유로워졌다. 그런데 사람의 마음이라는 게 참으로 알 수 없는 것인가 보다. 요즘 들어 자주 한가하기보다 적적하다고 느껴지니 말이다.

  한가와 적적의 경계는 어디쯤일까? 뜨거운 커피가 너무 식기 전 목 넘김에 딱 알맞은 온도, 그 언저리쯤은 아닐런지. 어쩌면 이 적적함은 전속력으로 달리다 급정거한 늦한 내 감정의 변화 때문일지도 모른다.

오래전 이웃에 앞집 뒷집 새댁들을 불러 모아 자주 맛깔난 음식들을 만들어 주던 나이 지긋한 형님이 있었다. 오늘처럼 비가 오는 날이면 유독 김치전을 부쳐놓고 우리를 불렀다. 속마음을 헤아리지 못한 우리는 음식 맛에만 취해 깔깔대며 수다를 풀어놓곤 했지만, 그때 형님은 오늘 나처럼 적적한 마음을 다독이려 한 것일지도 모른다. 먼저 간 남편 이야기로 눈가가 촉촉해지던 형님이 요즘 들어 자주 생각나는 걸 보면 나도 그때의 형님 나이가 되나 보다.

 비대면 요리 프로그램이 티브이를 통해 자주 방영되고 있다. 쌀을 씻고 밥을 하는 과정을 세세히 알려준다. 달걀 프라이를 직접 따라 해 보라며 독려한다. 팬에 기름을 두르고 달걀을 깨뜨려 올리기만 하면 된다. 그런데 절절매는 참가자들을 보면서 요리를 잘하게 된 특별한 계기가 있었다던, 형님의 새댁 시절 '별난 사연'이 떠오르기도 했다.

 친구네 집들이에서 유독 김치를 맛나게 먹던 남편이 혼잣말처럼 중얼거린 "김치가 참 잘 익었네요."라는 말에, 갓 시집온 새댁은 배추를 사다가 잘 다듬어 끓는 물에 데치고 갖은양념에 버무려 밥상을 차려냈었다 한다.

 밥상머리에 앉은 그녀는 김치 맛있냐고, 잘 익었냐고 다그치듯 물었고 남편은 빙그레 웃으며 잘 익어서 맛있다고 했다. 한동안 밥상엔 데친 배추김치가 올랐고 남편은 물컹한 김치를 끝까지 맛나게 먹어주었다. 세월이 한참 지나고서야 '잘 익은 김치'가 배추를 삶아서 익히는 것이 아니라 숙성되어야 한다는 것을 알았다. 그 일로 속 깊은 남편의 마음을 알게 된 그녀는 열심히 요리를 배웠고 남편이 좋아하는 음식이라면 무엇이든 척척 만들어 내는 자칭 요리사가 되었다.

그러나 그것도 잠시, 서른한 살 꽃다운 아내를 두고 남편이 홀연히 먼저 가버렸다. 야속한 남편이 그리운 날에는 자주 음식을 만들었고, 우리를 불렀다. 특히 오늘처럼 비가 내리는 날이면 우리는 형님 댁으로 몰려가 맛난 음식만큼이나 유익한 세상 사는 이야기를 듣기도 했다. '서툴고 부족한 부분은 누구나 있게 마련이다. 나무라기보다 기다려주고 작은 것이라도 잘하는 것에는 크게 칭찬하라. 그리고 특별하지 않아서 평범했던 일상이 지나고 보니 가장 큰 축복이었더라.'고도 했다. 세상 물정 모르고 마냥 즐겁기만 했던, 그때 그 형님과 이웃들 지금 어디서 무얼 하니 지낼까? 궁금하고 몹시 그립다.

각다분한 세상을 살다 보면 답답할 때가 있고 내 생각과 다를 때는 나무라고 싶기도 하다. 개구리 올챙이 시절 모르듯 나 또한 어느 때는 서툴고 부실한 떡잎이 아니었을까만, 불쑥불쑥 그런 적이 없었던 양 굴기도 했다. 순간적 감정에 휘둘려 포용하는 마음을 놓치고 혼자 복닥거릴 때가 많았었다.

그럴 때면 마음이 평정되기를 기다리는 시간이 오래 필요했다. 그래도 평정이 되지 않을 때는 바다로 향했고, 바다에 스며들고자 했다. 하얗게 부서지는 파도가 형상만 달리했을 뿐, 우리의 삶으로 읽히곤 했다. 다시는 안 볼 듯 산산조각 부서졌어도 언제 그랬냐는 듯 하나 되어 바다로 가는 파도, 갖가지 모양의 포말을 다 품어 안는 바다, 그 넉넉한 포용을 오래 바라보다 돌아오곤 했다.

오늘처럼 비 내리는 날에는 바다가 넓은 가슴을 열어 하늘을 품을 것이다. 해무 가득한 바다가 보고 싶어진다. 토닥토닥 마음을 적시는 저 빗소리는 오롯이 적적할 수 있는 오늘에, 걱정 없이 유유자적할 수 있는 지금에 감사하라는 메시지일지도 모른다. 적적하다. 철없는 투정일랑 바람이 구름이 들을세라 안으로 눌러 여미고, 차 키를 챙겨 들고 현관을 나선다. 낮은 해조음이 들려올 것 같은 바다로 간다.

친절한 팥쥐

 동극 '콩쥐와 팥쥐' 공연을 알리는 대형 현수막이 눈길을 잡는다.

 팥쥐, 내게 유난히 친절했던 그녀, P가 생각난다. 그는 자주 대중이 모이는 장소에서 대상을 가리지 않고 특정인을 화제에 올려 곤혹스러운 상황으로 내몰곤 했다.

 친한 척, 생각해 주는 척, 달콤하게 말하지만 결국은 화제에 오른 사람의 신상을 탈탈 털며 좌중의 여론을 교묘하게 나쁜 쪽으로 몰고 가곤 했다. 화제에 오른 사람과 특별히 적대적 관계에 있는 것도 아니다. 그렇다고 그를 돕거나 빛나게 하려는 의도는 더더욱 아니다. 폭소를 유발케 하여 좌중의 분위기를 쥐락펴락하고자 함이다. 그러나 화제에 오른 사람은 본의 아니게 좌중의 웃음거리로 전락되거나 잘못된 선입견으로 인격에 흠집이 나기도 한다.

 화제에 오르는 것에 기분 상해 하지만 그녀 특유의 위트나 재치에 압도되어 대개는 웃음으로 마무리되고 만다. 세상 살다 보면 이런저런 사람이 있게 마련이다. 하지만 아무리 좋게 생각하려 해도 자주 불쾌한 여운이 남는다

 그날도 한 사람이 화제에 올랐다. 뻔한 결과가 부담되었다. 바쁘다는 핑계를 대고 슬그머니 일어서고 싶었지만, 불편한 마음을 누른 채 미적거리며 자리를 지킬 수밖에 없었다. 여느 모임에서나 먼저 자리를 뜨는 사람이 있고, 그런 경우 대개는 떠난 사람 이야기는 피하게 된다. 그러나 간혹 그렇지 않을 때가 있으니, 자리를 지키고 앉아 있자니 좌불안석이요, 떠나자니 뒤통수가 따갑다. 자리를 비우면 내가 그 화제의 주인공이 될 수도 있다는 생각에 마음이 편할 수 없었다.

 나는 손 귀한 집에 태어나 다행히 어렵지 않은 아동기를 보냈다. 시대적으로 한문 문화권에 있던 때이기도 했지만 유독 사람의 도리를 강조하시던 부모님의 훈육 속에 자랐다. 청소년기에 공무원이시던 선친이 새롭게 시작한 단광사업의 실패로 한때 경제적 어려움이 있었고 학업을 중도

친절한 끝쥐 | 77

에 포기해야 하는 상처를 겪기도 했지만, 같은 직장에서 남편을 만나 평범한 가정을 꾸렸다.

남편은 검소했고 시부모님의 적지 않은 유산이 있어 궁핍한 형편은 아니었다. 그러나 지출에는 늘 신중했다. 옷 한 벌을 살 때도, 특히 내 옷을 살 때는 백화점 정가를 지급하고 구매하기가 주저되었다. 할인 기간을 택하거나 매대에 내어놓은 철 지난 제품을 사곤 했다. 그런 나를 남편은 못마땅해했지만, 백화점에 디스플레이 된 상품이 혹여 마음에 들지라도 입어 보기 전 가격표를 먼저 살피게 되고, 가격이 내 형편에 과하다 싶으면 아쉽지만 돌아서곤 했다.

어쩌면 지나치리만치 근검절약했던 건 아이들이 모두 학업 중이기도 했고, 형제 많은 집 맏이로 표나지 않는 쓰임이 있기도 했다. 그러나 유독 나를 위한 지출에는 더 신중할 수밖에 없었던 또다른 속사정이 있었다.

학자금이 없어 학업을 중단해야 하는 중·고등학생 몇을 오랫동안 남몰래 돕고 있었다. 내가 좋아서 하는 일이라지만, 잘못 알려지면 남편의 직업적 특성과 관련해 불필요한 오해를 받게 될까 조심스러웠다. 나 역시 학업을 중도에 포기하는 아픔을 겪었던 터라 청소년기의 학업 중단이 얼마나 큰 상처가 되는지 알고 있었다. 그래서 작은 힘이나마 보태고 싶었다.

98년 경제위기로 온 나라가 혼란스러울 때도, 울산의 모 고등학교 학생 몇을 지원하고 있었다. 혼자서는 힘에 부쳐 여러 날 망설이다 처음으로 지인들께 고민을 털어놓았다. 실로 여러 지인의 흔쾌한 도움이 있었다. 실업계 고등학생이던 그들이 학업을 중단하지 않고 졸업할 수 있게 되어 얼마나 기쁘고 고마웠던지, 어려운 시기에 따스한 마음을 내어준 지인들께는 지금도 감사한 마음이다.

지인들의 도움이 있다고 해도 내가 먼저 아끼지 않고서는 나눌 여유가 없었으니. 나의 소비 행태는 좋게 말하면 검소한 것이고 달리 말하면 짠순이가 될 수밖에 없었다.

그즈음, P와 같이 백화점에 쇼핑갔다가 여느 때처럼 매대에 흩어져 있는 원피스 하나를 사서 돌아와 재봉틀로 내 몸에 맞도록 수선을 했다. 넓적한 허리띠를 떼서 얇은 어깨끈에 덧대고 기장을 적당한 길이로 잘라내서 홈웨어에 가깝던 원피스를 외출용 정장으로 만들었다. 며칠 후 그 옷을 입고 어떤 행사장에 갔다가 그녀와 마주쳤다.

"어머, 그 옷 지난번 백화점 매대에서 털어 파는 물건 산

거 아니에요? 수선했나 봐요?"

나를 보자마자 눈이 휘둥그레져서 떠들어대는 그녀의 호들갑에 주변 사람들의 호기심 가득한 시선이 집중되고, 나는 쥐구멍에라도 숨고 싶었다. 그런데 그 후로도 어떤 모임에 중심이 되는 사람들이 모이는 자리에서는 자주 그 일을 화제에 올려 자랑 아닌 자랑을 하는 통에 나를 잘 모르는 사람들에게 백화점 단품 매대나 훑고 다니는 궁색한 사람이란 이미지를 갖게 했다. 물론 그녀의 말은 칭찬이었다. 하지만 '얼마나 알뜰하다고요'에서 '빈틈없는 사람입니다' 등의 찬사는 결코 칭찬이 아니라 나를 헐뜯기 위한 가식이라 느껴졌다.

그때 알고 지내던 지인을 근래에 다시 만났을 때다. 잘 놓치고 덤벙대는 나를 보고 그동안 생각했던 이미지와 너무 달라서 적응이 안 된다고 했다. 그녀에게서 들은 이미지와 덤벙대는 내 실체가 달랐던가 보다.

특별한 의도는 없었다고 생각하고 싶다. 그러나 이와 유사한 일이 자주 발생하자 나는 그녀 P가 친절한 팥쥐가 아닌가 하는 의구심이 든다.

듣는 사람이 불쾌한 칭찬이나 찬사는 결국 그 사람을 헐

뜯는 행위와 다름없다. 친절을 가장한 부드러운 목소리 뒤에 도사린 적의를 읽으면서도 행여 내 선입견은 아닌지를 먼저 생각해 본다. 그리고 유쾌하지 않은 찬사를 입에 올리는 그녀 '친절한 팥쥐'도 한 번쯤 자신의 속내를 들여다봤으면 좋겠다는 턱없는 욕심을 가져본다.

억대 부자

 동아리 회원들과 문화탐방 가는 날이다. 코로나로 미뤄 왔던 행사라 함께 떠날 수 있는 것만으로도 뜻깊다. 버스가 출발하자 오랜만에 만난 문우들은 그간의 안부와 덕담으로 화기애애하다.

 옆자리에 앉은 교회 권사님인 K 선생이 '얼마 전까지 당사주를 공부했다'라는 말에 일행들은 의외라는 듯 고개를 갸웃했고, 나는 '하느님이 허락하셨을까요?' 했다. 차 안은 한바탕 웃음바다가 되었다.

 오래전 일이지만, 새해가 되면 역술가를 찾아가 한해의 운세를 물어보곤 하던 기억이 떠올랐다. 팔자 도망 못 한다는 속설이 있다. 어느 때는 그 팔자에 얽힌 비밀이 궁금하여 동양철학을 잠시 공부하기도 했다.

주역 강의를 하시던 교수님은 사람이 탄생할 때 받은 기운에 의해 운명이 좌우되기도 하고, 태어난 생년 생시 즉 사주가 한 사람의 길흉화복에 미치는 영향이 크다고도 하셨다. 다만 태어나는 시간을 자신이 선택할 수는 없으니, 자신의 사주를 통해 다가올 미래를 알고 미리 대비하라 하셨다. 또한 주역은 통계이면서도 과학에 가깝다고도 했다.

 한 사람의 사주, 즉 탄생의 시간은 우주의 기운과 맞닿아 있다. 그렇다고 사주에 얽매여 너무 상심하거나 위축될 필요는 없다. 옛날 시계가 없던 시절 별자리를 보고 시간을 가늠했으니, 별자리를 다 읽을 수 없는 일반인의 시간개념은 그 정확도가 떨어질 수도 있다. 대게는 알고 있는 생시가 보리쌀 삶을 때, 새벽닭 울 때, 새참 내갈 때 등으로 알고 있다. 두 시진별 시간이 달라지니 타고난 생년 생시에 너무 연연하지 말고 열심히 노력하면 어려운 운세라도 비켜 갈 방법이 있다고 덧붙이셨다.

 어느 해, 내 평생 사주를 알아보러 간 적이 있다. 늘 고만고만한 살림살이 각다분한 마음을 풀어놓으며, '앞으로 밥은 굶지 않겠냐?'고 진지하게 물었다.

억만 군주를 거느리게 될 사주라고, 장차 억대 살림을 하게 될 것이니, 걱정하지 말라고 했다. 실현 가능성이 없는 덕담에 웃음이 나왔다. 고마운 말씀이지만 너무도 터무니없는 그분의 점괘는 믿고 싶어도 믿을 수가 없었다.

 돈 받고 남의 앞날을 봐주는 사람이 맹탕 거짓말을 할 리 없지만, 젊은 새댁이 돌도 안 된 아들을 업고 와서 앞으로 밥은 먹고 살겠냐고 물었으니 안쓰러운 마음에 덕담해 주신 거로 생각했다. 그러나 기분은 썩 나쁘지 않았다. 어쩌면 그리될지도 모른다는 작은 기대가 싹트기 시작했다. 아니 꼭 그리되었으면 좋겠다는 바람이 생겼다.

 허욕인 줄 알면서도 때론 목도리도마뱀의 부풀린 목을 마음에 품었고, 그 업계에서는 꽤 알려진 역술가라니 그 말을 믿고 싶기도 했다. 어이없게도 앞날에 대한 막연한 불안감이 다소 해소되는 듯도 했다.

 공무원이던 가친께서는 좋은 직장을 뒤로하고 강원도에서 탄광 사업을 시작하셨다. 당시 호황이던 사업이 몇 해 가지 않고 경영 미숙과 중간관리자 관리부실로 파산지경에 이르렀다. 가파르게 내리막을 만난 가족들의 경제적 고통은 언제 변할지 모를 미래에 대한 불안으로 이어지지 않았나 싶다.

　나도 공무원 남편을 만나 결혼했다. 시댁은 중농 이상 자영농을 하는 순박한 분들이시다. 물론 대다수 국민이 어렵게 보릿고개를 넘을 때도 자식들에게 보리밥을 먹이지는 않았다는 말씀을 자주 하셨지만, 칠 남매나 되는 자식들을 시집·장가 보내야 하고 아직 공부하는 자식들도 건사하려면 맏자식이라 해도 어엿한 직장이 있는 우리를 챙겨주실 여유까지는 없을 것이다. 당장 돈을 꾸러 다닐 정도는 아니지만 친구들 사이에서 사람 좋기로 둘째가라면 서러울 남편이 크게 경제적 부를 이룰 리도 없고 항상 미래가 걱정되곤 했다. 그래서 마음이 더 조급했던 것 같다.

　사람들은 새해를 열면서 이런저런 새로운 설계를 한다고 하지만 해마다 별반 다를 것 없는 봉급생활자 가정의 전업주부인 나에게 특별한 희소식이 있을 리 없었다. 그래서 혹시라도 좋은 일이 생기지 않을까를 기대하며 철학관을 찾아 길흉회복을 여쭙곤 했을 것이다. 그런데 '억대 실떰'이라니? 무슨 수로, 암담하던 마음이 더 복잡해졌다. 그 후 오랜 시간이 흘렀지만 억대 살림과 억만 군주라는 단어가 자주 머릿속을 맴돌았다. 그러나 쉽게 이룰 수 없는 꿈 같은 일이라 생각했다.

세월이 흘러 시대가 바뀌고 화폐가치가 달라졌다. 언제부터인가 내 주변에도 억대 부자가 수두룩하게 생겨났다. 변두리 작은 아파트 한 채만 보유하고 있어도, 아니 반반한 전셋집 하나만 있어도 억대가 훌쩍 넘는다. 어쩌다 보니 나도 그 대열에 들게 되었다.

역시 명성대로 그 역술가는 대단한 분이었다. 혹시 화폐가치가 이렇게 달라질 것을 예견하고 계셨던 건 아닐까? 내 지나온 길을 돌아보니 주역이라는 학문에 대한 궁금증이 더 높아지기도 한다.

옆자리 권사님께도 기회 되면 당사주 한번 봐달라고 부탁해 봐야겠다. 내 남은 날도 심신 모두 강건하고, 하는 일마다 순조롭길 바라는 소망이 무리 없이 이루어지려는지 궁금해서다.

언제나 윤슬 잔잔한 바다와 마주하고 싶다. 하지만 미지의 시간을 지나는 우리의 내일이 늘 평탄하기만 바라는 게 욕심일지도 모른다. 그래서 예측할 수 없는 내일이 때때로 궁금해지곤 하는가 보다.

어머님이 물려주시려던

 나는 고요한 방에 한참이나 정물처럼 앉아있다. 정리되지 않은 생각들 사이 여러 얼굴들이 겹쳐 떠오르고, 책장과 곁하고 있는 장식장에서는 묵언 중이던 '제기'들이 두런두런 말을 걸어온다.

 '묵은 살림을 정리하고 싶다면 우리는 어찌할 것인가?' 묻고 있는 것 같다.

 나중에 며느리에게 물려 줄 거라고 꽤 많은 값을 치르고 장만했다. 그러나 변화무상한 세월의 변천 앞에 머지않아 사용처가 없어질지도 모른다. 제례 기물을 쉽사리 버릴 수도, 중고상에 내놓을 수도 없다. 누가 달라고라도 하면 좋으련만 그도 쉽지 않을 것이다. 그러니 켜켜로 쌓인 세월의 뒤안길로 내쳐지고 말 제기들을 바라보고 있는 내 마음도 편하지가 않은 것이다.

시골 어머님 집에는 새까만 자개장롱 위에 반짝이는 10벌의 스테인리스 그릇이 가지런히 올려져 있었다. 명절이나 기일에 정성스레 지은 메를 고봉으로 담아 올리고 자손들의 명과 복을 빌던 용기였다. 제사 파젯날 그릇을 마른행주로 곱게 닦아 장롱 위 제자리에 올려놓으시던 어머님은, 그 그릇들을 바라보며 매우 흡족해하셨다.

'네가 해준 금비녀하고 저 그릇들은 나중에 너에게 물려주마.' 어머니 자주 하시던 말씀이 아직 귓가에 들리는 듯한데, 아끼시던 그릇들도 금비녀도 어디론가 제 인연 닿은 곳으로 떠나고 그때 어머님 나이보다 더 나이 든 아낙이 제기 처분을 걱정하고 있다.

사회변화와 함께 조상님을 기리는 마음도 여러 가지로 변화되고 있다. 이 분위기에 편승한 나도 조상님 제사 내 생전에 여법하게 정리해야 한다는 무거운 고민에 떠밀리듯 내몰리고 있다. 이럴 때 어머님이 계셨더라면 어떤 지혜로운 말씀을 주셨을까? 행여 생시처럼 '아가 괜찮다. 네 탓이 아니다'라는 말씀을 주셨을까?

시골 생활은 늘 서툴고 조심스러웠다. 그러나 따스한 눈빛으로 아가 괜찮다 하시던 어머님의 목소리에 힘을 얻곤 했다. 나이 어리고 덩치도 작은 맏며느리가 낯선 시골 부엌에서 동동거리는 것이 안쓰러워 자주 푸근한 눈빛 보내주시던 어머님.

기일이나 명절이면 어머님과 어린 시누이까지 온 가족이 마당에 멍석을 펴고 둘러앉아 제기를 닦았다. 제사 때나 사용하는 그릇들에는 파란 녹이 꽃처럼 피어있고, 우리는 수굿하게 숨죽인 짚수세미에 기와 가루나 연탄재를 묻혀 있는 힘껏 문질러 제기의 녹을 벗겨내곤 했다.

반복되는 일련의 과정이 힘들어 보였던지 어느 날 놋 그릇을 전부 내어주고 스테인리스 그릇으로 바꾸어 주셨다. 며느리를 향한 그 깊은 마음을 나이 어린 며느리는 오래 마음에 담아두고 있었다.

어머님은 연로하시고도 오래 망설이다 제사를 물려주셨다. 잘하고 싶은 마음이 일었다. 일곱 남매가 내 집에서 맞는 첫 제사에 큰맘 먹고 장만한 제기 한 세트를 제상에 가지런히 올렸다. 어머님이 물려주고 싶다던 스테인리스 그릇은 무겁기도 하고 아무리 마른행주로 닦아놓아도 녹이

나기 일쑤였다. 열전도율이 높지않은 밥그릇과 고급스러운 나무 제기를 준비하고 정성스레 제물을 진설했다.

 어머님처럼 나도 내 며느리에게 물려주려는 속내가 있어 제기를 다루는 손길에는 늘 조심이 따랐다. 하지만 이제 그 쓰임을 잃게 될지도 모른다. 행여 어머님의 그릇처럼 될 제기들이 이 변화를 먼저 감지하고 있지는 않았을까. 후회하지 않을 조언이라도 구하고 싶다.

 언제가 될지 모르지만 나 떠난 뒤에도 혼자인 큰며느리나 두 손녀가 일 년에 십여 차례 제사를 모실 수 있을는지. 그렇다고 멀리 해외에 거주하는 둘째 아들의 어린 손자가 제사를 물러 받을 수 있을 것인가, 생각이 깊어진다.

 아이들의 평소 성품으로 보아 그리하라고 이르면 수긍하겠지만 기일이 기다려지는 날이 되기는 할까. 그렇다고 출가한 딸에게 부담을 지울 수는 더더욱 없는 일 아닌가.

 사회변화가 가파르다. 형제도 자식도 각자 생활방식이 있기도 하고, 나이 들어 노쇠해지고 있다. 더구나 지구촌 곳곳으로 산시사방 흩어져 살고 있으니 실텅 마음이 있다고 해도 기일을 기억하고 모이기는 어려울 것이다.

상황은 그리해도 변화를 두려워하는 마음은 늘 하던 대로 하고 싶다는 생각을 내려놓지 못하니, 어둠이 내려앉는 방안에서 홀로 옛 생각에 젖게 되는가 보다.

어머님이 물려주시려던 것이 스테인리스 그릇뿐이었을까. 어쩌면 형제들과 조카들 모두를 품어 안고 화목한 집안을 꾸려가라는, 큰 며느리에게 특별히 내리는 믿음과 당부는 아니었을까. 말없이 빙그레 웃고 계실 어머님이 곁에 계시는 듯하다.

잠겨있는 문

 아래쪽 서랍 구석에서 열쇠 꾸러미를 발견했다. 언제 넣어두었는지도 모를 고리에 묶인 열쇠들, 분명 낯이 익다. 책상 서랍일까? 책장이나 옷장일까. 기억해 내려 머리를 굴려보지만 도통 생각이 나지 않는다.

 오래 묵힌 모양새로 보아 크게 중요하지 않을 수도 있다 싶어 곁에 있는 종량제 봉투에 넣어버렸다. 잠시 후 자주 잠그기만 하고 여는 것에는 서툰 내 마음처럼 어딘가에 잠긴 채 기다리는 자물쇠가 있을지도 모른다는 생각이 들었다. 버려질 물건들과 뒤섞인 봉투에서 열쇠를 찾아내 주머니에 넣고 집을 나섰다.

 때때로 꽉 막혀버린 소통에 고통스러운 마음을 안고 찾

아오는 지인이나 방문객이 있다. 가능하면 양극단에 치우치지 않도록 상대방 입장이 되어보길 권하곤 한다. 그러나 정작 내 문제에서는 사소한 것일지라도 쉽게 대범하거나 너그러워지기가 쉽지 않다. 특히 나이 들어가면서 더 소심해지고 필요 이상 민감해지기도 한다. 나는, 내 이웃과의 만남에서 막힌 곳 없이 물 흐르듯 소통이 되고 있는가? 돌아보게 된다. 나도 모르는 사이 잠겨진 채 잊혀지고 있는 곳이 있어 열쇠를 기다리고 있을지도 모른다. 잡다한 만남에 바람 무시로 드나들 소통의 문이 꽁꽁 닫혀 있어서는 안 될 일이다. 더욱이 닫혔다는 사실조차 모르고 문 앞을 서성이고 있다면, 쓰레기 더미를 헤집는 수고쯤 아끼지 않고 열쇠를 찾아야 할 것이다.

그동안 팔이 안으로 굽듯 내 입장으로만 세상을 바라보는 우를 범하기도 했을 것이다. 더러는 이해의 폭이 경직된 채로 상대의 마음을 재단하기도 했을 것이다. 어쩌다 너그러운 마음을 내어 상대의 입장이 되려 할 때도 내 안경에 덧입혀진 색채에 가려 검다거나 붉다거나 왜곡하기도 했을 것이다.

변화무상한 일상을 부대끼며 살아가노라면 옳고 그름의

시비는 늘 있게 마련이다. 그래서 옛 어른은 같은 문제라도 방에서 듣는 것과 부엌에서 듣는 것에는 차이가 있으니 가려들어야 한다고 하셨나 보다. 자칫 한쪽 눈을 감는 오류를 범할 수도 있으니 경계하라 이르신 것이다.

절대적인 잘못도 완전한 옳음도 없다고 하지만, 사안의 본질이 바라보는 관점에 따라 달라지기도 하니 조심스러운 것이다. 열쇠는 잠긴 것을 열고 막힌 것을 풀어주는 소통의 도구다. 열쇠를 찾으려는 것은 어쩌면 상대의 관점에서 바라보려는 배려의 다른 이름일지도 모른다.

책상 서랍과 서류보관함, 옷장들에 차례로 열쇠를 꽂아본다. 어렵사리 들어가지만, 꽉 물려있어 돌려지지도 열리지도 않는다. 어떤 것은 아예 꽁무니를 앙다물고 있어 억지로 꽂아 볼 요량마저 거부하기도 한다. 점점 닫힌 문이 궁금해진다. 저만치 나들이 떠난 내 기억은 돌아올 기척이 없고, 하는 수 없이 직원들을 불러 도움을 청했다.

아뿔싸! 장기 보관이 필수인 문서고 열쇠다. 나머지는 사무실 이전할 때 재활용센터로 실어 보낸 책장 열쇠라 한다. 문서고 열쇠는 담당자와 나누어 보관했으니 별문제 없다.

그러나 재활용센터로 실어 보낸 책장들은 지금 어딘가에서 문이 잠긴 채 스스로 열지도 못하고 어려움을 겪고 있지는 않을까? 이미 실어 보낸 지 한참 지난 일이다. 그럼에도 자꾸 마음이 쓰인다.

종량제 봉투에 그냥 버릴 걸 그랬다. 그리했으면 몸통 어딘가에 박힌 눈에 잘 보이지도 않는 미세한 선인장 가시 같은 이물감은 없었을지도 모른다. 찜찜한 이 기분이 지나친 내 세심함이 원인이라는 생각에 씁쓸한 웃음을 짓게 된다.

복잡하게 얽힌 관계 속에서 상대를 위한 과한 관심이나 배려로 자신을 옥죌 때가 있다. 한동안 혼자 부대끼다가, 용기를 내서 그때 혹시 내가 실수하지는 않았느냐고 물을라치면 정작 상대는 아무 생각이 없었던 양 눈을 동그랗게 뜨고 '왜요?' 한다. 그 반응이 황당했을 때가 있기도 했다.

주머니 속 열쇠 꾸러미를 만지작거리며 숙제 못 한 듯 찜찜했던 것이 어쩌면 잠긴 문의 문제가 아니라 잠겨서 곤란을 겪지는 않을까 하는 내 지나친 배려가 원인이었다는 것을 알게 된다.

어찌 되었든 막힌 문이 열리고 바람 솔솔 통하듯 소통이 될 수만 있다면 종량제 봉투의 먼지쯤 기꺼이 감내하고 잡동사니 속에서 열쇠를 집어 들 것이다.

여백의 날알들
− 가을이 까치발로 오다

3부

- 냉동실 복어알
- 오골계와 묵밥
- 신 소외계층
- 기대수명
- 애착하는 것들
- 이름을 바꾸다
- 마음이 가는 대로
- 고운 노을빛으로

냉동실 복어알

 바람이 쌀쌀하다. 아스팔트 위로 잎들이 우수수 떨어져 내린다. 나무들이 동면에 들 준비를 서두르는가 보다. 연말이 가까워지면 더 바빠질 것이라, 그간 미뤄왔던 건강검진을 받으러 갔다. 간호사가 건네준 가운으로 환복하고 내시경 검사를 위해 대기실에 들었다. 먼저 온 대기자들과 나란히 누워 마취 차례를 기다리자니 지난번 급작스러운 뇌출혈로 입원했을 때의 상황이 생생하게 떠오른다.

 무력하고 암담한 상태로 집도의의 시술을 기다리던 그때의 초조하고 두려웠던 느낌이 되살아났다. 푸르다 못해 시릴 것 같은 불빛 아래 주렁주렁 달린 링거 줄과 기계들, 시술할 위치를 확인하고 소독하는 시간이 태엽 풀린 시계처럼 더디게 지나가고 있었다.

집도를 맡은 담당의가 메스를 들고 느린 걸음으로 다가오는 소리, 초록색 수술 가운 소매가 스치는 소리, 수술 집기를 허벅지 곁에 내려놓는 소리, 집도의와 간호사의 미세한 숨소리에 이르기까지, 온몸의 솜털이 촉수가 되어 소리들을 빨아들였다. 그 순간 나는 생선가게 좌판에 숨이 붙은 채로 어느 집 저녁 찬거리로 다듬어질 처지에 놓인 한 마리 생선이었다. 항거할 수 없으니 차라리 태연했을까, 푸른 물살 헤치며 심해를 누비던 생선은 숨소리도 조심하며 서늘한 도마 위에 처연히 놓여 있었다.

"마취약 들어갑니다. 하나 둘 셋……. 세어보세요."

간호사의 말이 멀어지면서 따뜻한 기운이 혈관을 타고 들어오고 까무룩 잠이 몰려왔다. 그 순간 냉동실에 들어있다는 선배의 복어알이 눈앞에 어른댔다

얼마 전이다. 울적해서 들렀다며 평소 걸어다니는 지성이라 칭하는 이 선배가 다녀갔다.

차 한 잔을 앞에 놓고 이런저런 안부를 나누다가 어렵게 운을 떼는 말씀이 '이제 안심이다.' 했다. 영문을 몰라 고개를 갸웃하고 있는 내게 선배의 다음 말은 가히 충격이었다.

"복어알이 냉동실에 있어도 그 독이 6개월은 간다고 하네."

"네? 복어알, 독?"

그제야 나는 어렴풋이 선배의 의중을 짐작할 수 있었다.

"가는 사람은 편할지 몰라도 남은 가족들은 어쩌라고요."

선배의 절실한 고민이 가볍게 느껴지지 않았다. 그러나 떠나는 입장에서만 생각하기엔 무리가 있다. 나는 잠시 말문을 닫고 침을 삼켰다. 복어알에 의지해 생을 마감한다면 남은 가족들이 너무 힘들지 않겠냐는 내 뜻에 고개를 끄덕이던 선배는 말없이 차 한잔을 비우고 손을 들어 보이며 방을 나갔다.

나는 한동안 마지막 이별의 정답이 무엇일까? 의문을 화두처럼 붙잡고 있었다.

선배의 연로하신 모친은 오랫동안 치매로 고생하다 돌아가셨다. 더 잘 모시지 못했다는 자책으로 마음 고생을 했던 터라, 곁에서 지켜보던 지인들도 함께 아파했었다.

선배는, 정신을 온전히 놓은 모친의 대소변 수발을 마다하지 않는 아내가 고맙기도 하고 좀 더 살뜰하게 챙겨 수었으면 하는 양가감정으로 괴로워했었다. 어쩌다 병문안을 오는 형제들과 일가친척들의 턱없는 참섭에 더욱 힘들어하던 아내를 보면서, 자신에게 만약 치매가 오면 스스로 목숨을 내려놓아 가족의 어려움도 줄여주고 존엄한 마지막을 지키겠다고 입버릇처럼 말했다. 그리고 한동안 그 방법을 찾는 일에 골몰하는 듯했다.

꽃이 아무리 곱다해도 시간 가면 시들고 종래엔 지듯이 사람도 때가 되면 떠나야 하는 게 자연의 이치다. 어디 꽃이나 사람뿐이겠는가. 우주 만물이 시시각각 변화하고 그 변화의 흐름위에 놓여 있다.

꽃이 피고 싶다고 스스로 보채며 오지 않듯이 우리도 우리의 의지 저 너머 거부할 수 없는 힘으로 이 세상에 왔을 것이다. 오는 것에는 우리의 의지가 미치지 못했을지라도 떠날 때는 자신의 의지대로 떠날 수 있으면 좋겠다는 생각을 한 지 오래다. 그러나 복어알을 구해다 냉동실에 보관해 두었다는 선배의 말에는 덜컥 겁이 났다.

요양병원에 모셨던 어머니가, 선배가 잠시 자리를 비운 사이 운명하시자 임종을 지키지 못했다는 자책에 몹시 괴로워했다. 생의 마지막, 의식이 가물가물한 순간에 아들의 하직 인사를 받고 떠나기 위해 미뤗기겠다라면 어머님이 얼마나 더 힘드셨을까. 고통의 시간을 줄이고 편안한 영면에 드신 것이라 여기자며 위로했지만, 선배는 오래 힘들어했다.

 가족들에게 씻을 수 없는 상처를 남기더라도 존엄하게 생을 마감하는 것이 옳은 것일까. 아니면 어차피 유한한 시간일지라도 기계장치에 기댄 연명을 선택하는 것이 옳은 것일까? 정답이 있을 리 없다. 그렇다면 어느 날, 생의 끝자락에 도달했을 때 담담히 자신의 의지대로 이별을 선택할 수는 있을까? 뿌연 안개 속 어려운 선택의 갈림길이 우리 앞에 놓여 있는 것이다.

 낮의 왕성한 활동이 있어 밤에 단잠을 얻을 수 있다. 후회 없는 시간을 마치고 편안한 잠자리에 들 수만 있다면 이는 축복일 것이다. 그래도 쉬이 잠들지 못할 때는 머리맡에 놓인 가습기를 켜듯, 가볍게 스위치를 누르고 깊은 단잠에 들 수 있다면, 이는 마지막 시간을 보내는 모두의 희망 사항일 것이다. 가족 친지들에게 피폐한 모습 보이지 않고 도란도란 섞여웠던 기억들 품고 잠들 수 있는 여행이리면, 복어알을 냉동실에 갈무리하지 않아도 되는 하늘나라로의 여행이라면 충분히 아름다운 이별이 될 수 있을 것 같다.

의식을 놓으면서 하얗게 비워졌던 공간이 다시 차오른다.
"눈 떠 보세요, ○○님."
상냥한 간호사의 목소리가 꿈결처럼 들려오고 나는 잠에서 깨어났다. 어느새 내시경 검사는 끝나고, 비몽사몽 마취에서 깨어나고 있는 사람들과 나란히 회복실에 누워있다.

오골계와 묵밥

 열차가 울산에 도착했다. 서둘러 집으로 가는 버스에 올라 자리에 앉으니 어느새 추억이 된 오늘이 새삼 아련하다.
 "보고 싶다. 보고 싶다."
 그녀의 성화에 대전까지 한달음에 달려갔다.

 그녀는 아침부터 압력솥에 오골계를 고았다고 한다. 거무스름한 옻 물에 형체를 알 수 없게 풀어진 고깃국이 점심으로 준비되어 있었다. 몸에 좋으니 빛깔 보지 말고 많이 먹으라 한다. 이만하면 되었다고 했지만, 어느새 내 앞에 또 한 사발이 채워졌다. 진하게 푹 끓인 오골계 국물이 오래 묵힌 그녀의 마음 같다.

 어제서녁 옻을 싫고, 새벽부터 부신을 떨며 **콩을 불리고** 반찬을 만들었을 것이다. 찰밥은 밥이라 하기도 그렇고 죽이라 하기에도 애매한 상태다. 그러나 무릎이 탈이나 병원 치료 중인 그녀가 3층 그의 사무실과 반지하 주방을 여러 번 오르내렸을 걸 생각하니, 고맙기도 하고 안쓰럽기도 했다.

  대전, 대구, 울산, 부산에 흩어져 있는 전직 복지기관의 수장들이다. 나름 자기 분야에서 최선을 다했던 주역들이다. 정년퇴임 후에도 여러 가지 지역 활동들을 하고 있으니 한자리에 모이기가 쉽지 않다. 오늘은 김 관장 성화에 못 이겨 대전에 모인 셈이다. 부산의 정 관장은 손자들 앞세우고 멀리서 딸과 사위가 온다고 하니 부득불 불참이다. 나도 다른 일정이 있었지만 옥천까지 가서 자연 방목한 오골계를 구해놨다니 그 정성을 외면할 수가 없었다.

  생성과 소멸의 숙명을 거스를 수 없는 자연계의 산물인 우리, 유한한 시간을 부여받은 것임이 틀림없다. 그러나 아직 내 의지대로 달려올 수 있는 건강이 허락함에, 보고 싶은 벗을 만나 함께 웃고 안부를 나눌 수 있는 심적 여유에 새삼 감사한 마음을 다지는 하루였다.

  두 그릇이나 먹은 오골계탕에 식곤증이 몰려왔지만, 소

중한 시간을 허투루 보내지 않으려 오늘 만남의 의미를 음미하며 정신을 가다듬었다. 이어지는 대화는 자연스레 자리보전한 지인들 소식과 세상 떠난 가족 친지에 이어 요즘 언론에 회자되는 노인 문제들이다.

  정년을 마치고 생산 활동 가장자리로 물러난 은퇴자를 사회는 노인이라는 이름으로 분류하기도 한다. 열정이나 순발력이 떨어진 세대로, 건강보험 고액 수혜자니, 부양 부담 대상자라 칭하기도 한다. 틀린 말이 아니다. 일반적 접근으로 보면 생산 집단이기보다 소비계층에 가깝다.

  멀미 날 정도로 빠르게 변화하는 각종 정보에 취약하고 무인점포나 키오스크 주문도 미숙하다. 사회는 이미 그 세대의 경험이나 지식이 그리 중요하지 않은 시대를 달리고 있다. 그들은 따라가기도 벅차고 물러앉자니 불안하다. 손뼉 치면 관객이 되고 불평하면 꼰대가 된다. 앉을 자리 비켜설 자리를 가늠하느라 다 늦게 머릿속이 복잡해진다.

  옥천 정지용문학관을 탐방하고, 영국사 법당에 들었다. 6월의 쨍한 더위에 땀으로 범벅이 된 곰뚱이는 물먹은 솜뭉치와 다름없었다. 높다란 천장 아래 무심한 듯 빙그레 미소로 맞아주시는 부처님, "그간 제 역할들 하며 살아내느라 애썼다." 하시는 듯했다.

그만 해산해도 좋으련만 기어이 저녁을 먹여 보내야 한다는 그녀, 말릴 재간이 없었다. 어쩌면 그녀도 나처럼 마음이 허했던 것일까?

짙은 갈색으로 찰랑찰랑 반지르르한 도토리묵이 앞에 놓였다. 도토리의 생애를 더듬어 본다. 거센 비바람을 이겨내고 긴 시간 열기를 받아들여 비로소 영글었을 것이다. 하늘 높아지고 서늘한 바람 불어와 나뭇잎이 세차게 흔들릴 때쯤 바닥으로 내려앉았을 것이다. 새끼손가락 한마디쯤 되는 이 작은 열매가 물속에 담겨 떫은맛을 게워 내고, 단 솥에서 뭉근하게 졸여지고 나서야 매끈한 자태로 우리 앞에 왔다. 많은 어려움을 이겨내고서야 소용의 가치를 인정받아 당당히 상위에 오른 것이다. 그 긴 인내의 과정에 비하면 미안하리만치 간단한 묵밥으로 저녁을 대신하고 우리는 아쉬운 작별을 했다.

하나의 열매가 온전히 영글기 위해서는 알맞은 온도나 습도는 물론, 숙성의 시간이 보태어진 양질의 거름도 필요할 것이다. 우리는 늘 다음 세대의 거름이 되자고 다짐 했었다. 냉해나 병충해를 이겨낼 성목들이 자라는 숲을 오래 마음에 그리기도 했었다.

이제 양지바른 언덕에 곧게 자란 유실수가 그득하다. 연장도 없는 맨손으로 비탈밭을 일구었던 지난했던 그 세대를 기억해 달라고는 않을 것이다. 다만 울타리를 견고히 하고 수로를 깊게 내어 탐스런 열매 주렁주렁 영그는 가을을 오래 지켜내길 소망할 뿐이다.

내릴 정류장이 가까워진다. 버스 유리창에 아쉬운 듯 작별하던 그녀의 얼굴이 스친다. 지금쯤 우리가 먹은 음식물 뒤처리로 분주할 것이다. 다음에는 식당에서 모이자는 제안에 아무 데서나 먹을 수 있는 음식이 아니라며 목소리를 높이던 그녀, 허한 마음이 읽혀 괜스레 코끝이 찡해진다. 아무 곳에도 없을 오골계탕과 묵밥이, 투박한 정으로 간을 하고 추억으로 고명 얹은 그 밥이 다시 또 그리워질 것만 같다.

신 소외계층

 멀리서 건너온 불청객 코로나바이러스의 확산을 막기 위해 기관의 이용객 출입을 통제하면서 추이를 관망하고 있을 때다. 직원들이 점심 메뉴를 고르다가 햄버거 쪽으로 의견이 모아졌고, 우리는 햄버거 가게로 향했다. 어수선한 사회 분위기와 달리 가게 안은 손님들로 열기를 더하고 있었다. 햄버거를 간단히 먹는 간식쯤으로 알았는데 의외로 가격이 높고 메뉴도 다양했다. 특히 무인 주문시스템으로 운영되고 있어, 각자 메뉴를 고르고 값을 치러야 했다. 나는 슬그머니 같이 간 직원들 뒤로 물러서서 오래전 그날처럼 잠시 이방인이 되었다.

 행사 준비를 위해 모인 몇몇이 호텔에서 식사를 했을 때다. 누가 뭐라고 하지도 않는데 생경한 분위기에 있는 대로 주눅이 들어 와인의 종류와 스테이크의 익힘 정도를 묻는 단순한 질문에도 대답을 하지 못했다. 날렵한 정장 차림의 세련되고 정중한 서비스가 어색했다. 나는 장바닥에 나앉은 촌닭이 따로 없었다. 다행히 기지를 발휘해서 옆 사람과 같은 걸로 주문하고 곤란한 위기를 넘겼지만, 그 기억은 그 후도 호텔엘 갈 때면 생각나 혼자 웃음 짓곤 한다.

간단한 햄버거 하나 사기도 이러한데 지하철 승차권 구입은 물론 고속도로휴게소 식당이나 극장 출입에 이르기까지, 심지어는 얼마 전 출장길에 들른 공항에서도 개인정보 확인과 탑승 수속을 키오스크로 하고 있었다. 이런 상황에 언제까지 남의 일 인양 외면하고 물러나 있어도 될지 모르겠다.

지난번 TV 다큐에서 서울의 어느 노인복지관 노래교실 반장이라는 60대 후반의 곱고 기품 있어 뵈는 여성이 편의점에서 간단한 도시락을 주문하는 과정이 방영되었다. 그는 기계가 제시하는 문자에 따라 어렵사리 주문을 마쳤지만, 대금을 치를 카드를 어디다 넣어야 할지 몰라 쩔쩔매고 있었다. 더욱이 뒤에 줄 서 있는 학생들을 향해 민망해하던 모습은 시청하는 내내 마음을 짠하게 했다. 그뿐 아니라 역에서는 대합실 의자에 앉아 열차의 출발시간을 기다리는 노인이 다큐의 초점이 되었다. 남쪽의 어느 소도시에 살고 있다는 노인은 지병 치료차 자주 서울로 오게 되는데 역에서 표를 구매하고 한 시간여 후에 출발할 열차를 기다리는 중이라 했다.

  다큐 진행자는 5분도 안 걸릴 핸드폰 앱을 사용할 줄 모르는 정보 소외계층의 어려움을 길게 설명했다. 역까지 와서 표를 사고 차를 기다려야 하는 노인이 어디 방송에 나온 그분뿐이겠는가.

  기억은 전기밥솥이 귀하던 때로 거슬러 올라간다. 매번 아궁이에 장작을 지펴 밥을 지으시던 어머님의 수고를 덜어드리고 싶어 전기밥솥을 사 드렸었다. 얼마 후 시댁에 갔더니 밥솥은 비닐로 꽁꽁 싸매어져 찬장 위 높은 곳에 올려져 있었다. 여쭈어보니 동솥에 잠시 불 지피면 되는데 전기세도 들고 밥솥도 아끼느라 올려놨다는 말씀이셨다. 몇 번 사용법을 알려 드리고 편리성을 강조하기도 했지만, 밥솥은 한동안 찬장 위를 떠나지 못하고 먼지를 쌓고 있었다. 몇 년 후 어느 겨울, 마을 앞 개울에서 빨래 하시는 어머님을 생각해서 큰맘 먹고 세탁기를 사드리고 상세한 설명까지 곁들였었는데. 한 달쯤 지난 뒤에 시댁에 가니 세탁기는 위에 널찍한 판자를 올려놓고 선반으로 사용되고 있었다. 연유를 물어보니 잠시 나가면 흘러가는 개울 물에 빨래할 수 있어 세탁기보다 익숙하다고 하셨다. 겨울 차가운 바람에 얼음물이 아니던가, 고무장갑도 흔치 않던 시대에 세탁기의 편리성을 누차에 걸쳐 말씀드렸던 기억이 있다.

그때의 어머님도 기계사용이 낯설어 오랫동안 기피하고 계셨을까. 내가 지금 그때 어머님 세대에 놓인 것이다. 문득 빠르게 지나온 시간에 격세지감이 느껴지기도 한다. 행여 더 멈칫거리고만 있다가는 질주하는 후세대의 걸림돌이 될지도 모른다는 생각을 해본다.

한글을 몰라 어려움을 겪던 문맹 어르신들의 애달픈 사연들을 접하고 한글학교를 운영하며 문맹 탈피를 돕기도 했다. 그러나 이제 내가 그때 그 어르신들의 세대에 들었다. 남의 일인 양 외면하고 있을 처지가 아니다. 낯선 것에 대한 두려움으로 각종 정보체계를 외면하면 자칫 디지털 난민이 되어 사회 가장 자리로 내몰릴 것이다. 이는 우리 세대의 당면 과제와도 무관하지 않다.

사람 간 대면보다 가상의 만남이 더 익숙한 신인류와 한 시대를 공유하며 살아야 한다. 길어진 생의 주기와 가족 분화는 단독세대의 증가로 이어지고, 아들과 손자까지 삼대가, 또는 증손자까지 사대가 각자 다른 형태와 다른 공간에서 동시대를 살아내야 한다. 누가 챙겨주길 바랄 상황이 아니다. 그렇다고 앞선 세대의 경험이나 생각에 맞춰달라는 강요는 억지스럽고 지난한 현실이 되었다. 장수 시대의 주체로 살아가려는 노력이 필요한 이유이기도 하다.

햄버거 꾸러미를 들고 직원들이 기다리는 자리로 돌아오면서도 기계 앞에 서 있는 푸르른 청춘들의 밝고 당당한 모습에 오래 눈길이 머물렀다.

기대수명

 얼마 전이다. 경도인지장애 판정을 받은 남편의 요양 등급을 문의하러 온 노인이 있었다. 삼 남매를 두었으나 큰아들은 결혼해서 다른 지방에 살고 있고, 딸은 인근지역에 있지만 비혼을 선포하고 독립한 상태라 한다. 취준생 막내아들은 아직 용돈을 타가는 상황이다. 남편은 가끔 먼 하늘을 바라보며 치매가 더 깊어지면 수면제가 필요할지도 모른다면서, 마지막 부탁이니 그때 꼭 자신을 도와 달라고 했다 한다.

 "선생님요 재수 없으면 100살 넘게 산다카네요. 우리는 다 우짜끼요."

 긴 설명을 듣고 방을 나서는 노인의 자조적이고도 허한 목소리가 한동안 방안을 부유하는 듯했다.

노인인구는 계속적인 증가세를 보이고 있다. 출생률 저하라는 상황과 맞물려 노인의 평균연령이 더 가파르게 높아진다. 이에 따른 사회적 문제가 수면 위로 드러나고 있다. 특히 단독세대 증가로 오는 고독사 방지 대책과 높은 치매 유병률 등이 거론되고 있다.

고령의 부모 세대가 자식의 돌봄을 받기는 점점 더 어려운 상황이다. 자식 세대가 이미 고령에 들어 부모를 부양할 여력이 없는 것이다. 어쩌면 바라던 장수 시대가 축복이 아니라 서로에게 짐이 되지는 않을까 걱정하게 된다.

치매 환자의 증가도 무심히 넘길 수 없는 상황이다. '만수무강 하십시오'라는 축복의 인사는 이제 전설이 될지도 모른다. 환갑까지 살아낸 것을 축하하며 잔치하던 시대의 이야기다. 환갑 지나, 30년 길게는 4, 50년을 더 살아내야 한다. 고희를 지나고 미수를 바라보는 자식들에게 효도를 바라기도 어려운 시대가 도래한 것이다. 정서적, 경제적 독립을 못 이룬 가족의 길어진 수명이 축복이 될 리 없다. 그렇다고 무작정 반기를 들고 서둘러 떠날 수도 없다. 가고 오는 것이 우리의 의지 밖의 문제이기 때문이다.

관계부처는 65세 이상 노인 9.2% 치매 유병률을 발표했다. 젊은 나이에 오는 초로기 치매를 차치하고라도 우리나라 치매 환자는 계속 증가추세에 있음을 시사했다.

치매는 노화로 인한 뇌 기능의 퇴행과 밀접한 관계가 있다고 한다. 뇌에 가해진 물리적 충격이나 지속적인 약물 또는 알코올의 노출이 아니더라도 인간의 수명이 길어지면서 자연스럽게 늘어나는 질환이기도 하다. 길게는 8년 이상의 긴 유병 기간을 겪는다 하니 환자나 가족들의 고충이 얼마나 클지 짐작된다.

몇 해 전 뇌출혈로 병원에 실려 간 적이 있다. 다행히 응급 시술을 받고 회복되었지만, 뇌 질환으로 겪는 색다른 경험을 했다. 몽롱한 가운데 방문객의 손끝이나 눈빛에서, 빠른 쾌차를 바란다는 목소리에서도 평소와 달리 마음의 농도나 색채가 확연히 느껴졌다. 육체적 기능에 문제가 생기면 동물적 감각이 비례해서 발달하는 것일까. 사람 간 기운을 더 섬세히 느낄 수 있었다. 그리고 우리가 의례적으로 하는 인사인 악수에서도 상대의 마음이나 감정의 결이 고스란히 전해지곤 했다. 두어 달 만에 퇴원했지만, 그 감각적 인시는 한동안 지속되다가 서서히 퇴행 되었다.

퇴원하고 한 달여를 지난 어느 날 "아빠가 할머니 보호해야 한다고 했어요." 쪼르르 달려와 손을 잡던 7살 손자의 한없이 따스하고 말로 표현할 수 없이 든든하던 손의 감촉이 수년이 지난 지금도 어제처럼 생생하다. 악수가 그냥 하는 인사가 아니라는 것을, 신체적 접촉이 아닌 마음을 진하게 전달하는 몸짓이라는 소중한 체험을 했다.

내가 누군지 어디를 서성이고 있는지 알 수 없는 상황이라면 얼마나 당황하고 두려울지 내 경험을 토대로 조금은 짐작이 된다. 그래서 치매 환자가 지적받거나 불안해지면 더 거칠어지곤 하는가 보다. 공포에 기인한 본능적 반응일 것이다.

치매 환자의 증가 속도를 우려하고 있다지만 증상을 지연시킬 신약도 빠르게 개발되고 있다고 하니, 지나치게 두려워하지는 않아도 된다. 다만 초기검진을 통해 정확한 상황을 알고, 이에 맞는 관리를 서두를 일이다.

오래 사용한 냉장고에 성에가 끼더니 냉각 기능이 떨어지고 있었다. 바쁘다는 핑계로 두어 주 방치했더니 아예 제 기능을 하지 못할 지경에 이르렀다. 서비스를 의뢰했지만 오래된 모델이라 부품을 구할 수 없다 한다. 하는수 없이 새 냉장고를 구매했다. 냉장고를 설치하러 온 기사는, '꽤 오래된 모델인데 외관은 깨끗하네요.'한다. 외관을 잘 관리했다는 칭찬인지 부품을 구하지 못한 게 제 책임인 양 미안해 하는지 알 수 없다. 그러나 어쩌랴, 겉은 멀쩡해도 지나온 세월이 있으니, 모터가 힘을 잃기도 하고 종래엔 새 제품에 자리를 내어주고 뒤로 물러나야 하는 것을. 오랜 시간 제 역할에 충실했으니 그걸로도 충분했다고 위로해 주고 싶다.

 기다리던 장수 시대가 도래하고 예기치 않은 복병이 나타났다고 해도 우리의 수명이 길어지면서 생겨나는 문제에 누구를 탓할 수는 없다. 노쇠한 몸뚱이가 반란을 일으키지 않게 다독이고 세심하게 보살필밖에. 우리 모두의 축복이 될 백세시대를 위해 함께 손을 맞잡고 지혜를 모을 일이다.

애착하는 것들

 책을 마음대로 볼 수 없었던 곤궁한 시절이 있었다. 청소년기 책이 가지런히 꽂힌 책장은 단순한 부러움을 넘어 동경의 대상이기도 했다.

 아이들이 성장해 타지로 떠나자, 빈방 하나를 서재로 꾸몄다. 천정에 맞닿은 책장이 양쪽 벽면을 가득 채우고 있어 바라보고만 있어도 흐뭇했다. 책장에는 종교 서적을 포함한 전집류와 소설, 수필, 시집에 이어 지인들의 출간 서적들이 나란히 꽂혀 있다. 언젠가 꼭 다시 읽으려고 쟁여둔 책들이다. 책 속에는 생의 지침이 될 말씀이 가득하다. 그러나 분주한 일상을 핑계로 한동안 미루었던 게으름을 방증이라도 하듯 뿌연 먼지를 뒤집어쓰고 있다.

 장르별로 배열한 책을 키 맞추어 꽂아놓고 얼마나 흡족

하고 든든했던지. 책 속에서 길을 찾고 많은 정보와 지식을 얻어 후세에 길이 남을 좋은 글을 쓸 것이란 어쭙잖은 다짐도 했었다. 하지만 책장을 바라보며 흡족해했던 시간은 그리 길지 않았다. 오히려 책장의 드문드문 빈칸을 채우기에 더 급급했다. 벌이 꿀을 모으듯 나는 층층이 책을 쌓아갔다. 마음속 갈증을 그렇게 풀어내려 했던가 보다.

지인들이 양서를 추천해 줄 때가 있다. 그중에는 오래되어 이미 절판된 책들이 더러 있었다. 중고 서점을 배회해서라도 기어이 찾아낸 날은 집으로 돌아오는 내내 희열을 느끼곤 했다. 그러나 그리 어렵게 구한 책도 마저 읽지 못하고 모셔 놓기만 했으니….

책의 종류나 양이 독서량에 비례하는 것이 아니었다. 비대한 책장엔 아직 읽어야 할 책들이 수두룩하고, 몇 페이지 넘기지 못하고 책갈피를 끼워둔 책도 여럿이다. 늘 바쁘다는 이유로 또는 이제 막 도착한 책들에 호기심이 자극되어 '나중에' '다음에'로 미루어 둔 책들이 기억 저편으로 떠밀려 가고 있었다.

이제 내 눈도 예전 같지 않다. 오래된 서석은 내 시력을 고려한 배려와는 거리가 멀다. 잔글씨가 봄바람을 만난 보리 이랑처럼 일렁이기도 하고 황하강을 날아온 미세먼지가 도착한 듯 흐리기도 하다. 미적거리는 동안 책들은 세월을 말해주듯 누렇게 변색 되고 있는데, 아직 다 못 읽은 저 책들을 어찌해야 할까.

나는 책을 읽으려고 모아둔 것이 아니었던가 보다. 덩그렇게 높은 책장에 가득 쟁여두기만 하고도 흡족해했으니 이는 내 허욕을 채우려는 용도가 아니었나 싶다.

식구가 줄어 작은 평수로 이사를 고려하고 있어, 차제에 세간살이 정리도 고심하게 된다. 아직 책에 대한 미련이 많이 남는다. 그러나 애착하는 마음만 내려놓을 수 있다면 처분은 그리 어렵지는 않을 것이다. 오히려 우리 부부가 걸어온 길이 축약된 각종 상패들을 내다 버리는 것에는 조심스러운 마음이 된다. 그 속에는 열정과 고난이 송두리째 담겨 있기 때문이다. 하지만 어차피 어느 날 버려지게 될 물건들이다. 다만 상패에 담긴 사연들이 대중의 눈요깃거리로 전락하지는 않게 조심할 일이다. 언제 날 받아 처분키로 하고 인근에 있는 자식들에게 도움을 청해봐야겠다.

오래 모아둔 상패나 묵은 책들의 처분을 걱정할 때가 아닐지도 모른다. 아침저녁 다듬고 공들인 몸뚱이도 언젠가는 버리고 떠나야 할 대상이다. 아직은 가장자리에 거스러미가 일기도 하고 때론 기억해야 할 것들을 놓치고 황당해하지만, 가고 싶은 곳 갈 수 있고 하고 싶은 것 할 수 있는 요행을 누리고 있다. 참 다행이다. 그러나 해는 이미 중천을 넘고 있으며 점점 가속력이 붙고 있다.

어느 날 뜻밖의 상황을 맞닥뜨리고 나서야 내 이럴 줄 알았다며 '조지 버나드'의 묘비명을 떠올리지는 않아야 할 것이다. 그리고 뜻하지 않게 피폐한 모습으로 오래 남겨지지는 않길, 그냥 무심히 놓고 떠날 수 있기를 감히 소망해 본다.

몸에 부착하던 장신구나 허공중에 흩어질 말 한마디에도 이리 애착을 놓지 못하는데, 특히 먼지 쌓인 책 한 권도 함부로 버리지 못하는 내가, 삶에 대한 애착에서 자유롭기는 쉽지 않을 것이다. 그러나 안간힘으로 버틴다고 이미 출발한 세월을 정지시킬 수는 없을 것이다. 지구별 생명체로 이 땅에 온 이상 자연의 순환법칙을 거역할 수는 더더욱 없을 것이다. 순리대로 담담히 받아들일 수밖에.

때가 되면 나도 책이 책장을 떠나듯 묵은 먼지를 툭툭 털고 무심히 떠나야 한다. 그리할 수만 있다면 언제고 가야 할 그 길이 순탄한 꽃길이 될지도 모른다.

오래된 전집과 활자가 작아 읽기도 어려운 자기 계발 서적들을 먼저 들어내야겠다. 그리고 여기저기 모서리가 마모된 몸뚱이처럼 제본이 파손되어 낱장이 너덜거리는 종교 서적들도 처분 대상이다.

정리가 끝나면 텅 빈 책장마저 새로운 인연 따라 떠나게 될 것이다. 혹여 이사할 집에 맞는 작은 책장을 새로 마련하더라도 채우는 것으로 오랜 갈증을 해소하려는 어리석음을 더는 범하지 않아야겠다. 작은 것 하나라도 내 것이길 바라며 움켜쥐려고만 했던 마음을 내려놓고 비우고도 넉넉해지는 그 경지에 닿기를 감히 서원해 본다.

이름을 바꾸다

 오래전 일이다. 중년의 운이 좋아진다는 말에 혹해서 이름을 바꾸었던 적이 있다. 여러 날 망설이던 끝에 지어온 새 이름에 부푼 기대를 걸었지만, 현실은 내 생각과 달랐다. 작명가가 지어준 이름 '민정'을 받아왔어도 전업주부인 나는 새 이름을 알릴 데가 별로 없었다.

 이름을 만 번쯤 불러줘야만 그 이름에 힘이 생긴다고 했다. 그러나 정작 나마저도 바뀐 내 이름이 생소해서 마치 덜 씹고 삼켜버린 음식 같았다. 더구나 그때 나에게는 이미 여러 개의 이름이 있었다. 하지만 이름을 바꾸면 중년 운이 좋아질 거라는 말에 미련을 버리지 못했다. 아니 그 말을 꼭 믿고 싶었다.

 남편은 자신을 바깥사람, 나는 안사람 또는 집사람이라

칭했다. 이사를 하거나 집을 새로 장만할 때도, 아이들의 성장 과정에서 일어나는 소소한 결정이나 진학문제까지도 소위 '집사람'인 내가 다 알아서 하길 바랐다.

   집안 대소사는 자연스레 내 몫이 되었고 나는 집사람이란 이름에 익숙해져 있었다. 이런 상황에 남편이 세상 편한 이름을 두고 새 이름을 불러줄 리는 없었다.

   결혼과 함께 작명료 한 푼 안 내고 그저 생긴 내 이름은 '여보'였다. 물 한 잔이 필요할 때도 방금 온 신문을 찾을 때도 여보, 를 불러댔다. 아이들이 태어나면서 엄마라는 이름을 얻었다. 남편이 밖에서 들어올 때면 현관에서부터 '엄마는?' 하고 들어섰다. 그럴 때면 나는 '여보'에서 '엄마는'이 되었다.

   어쩌다 격식 있는 자리에서는 집사람 또는 안사람으로 소개되었다. 집 안에 있는 사람, 집안 살림을 도맡아 하는 집사람이다. 때론 바깥사람을 보좌하는 사람 '안사람'이 되기도 했다. 불만은 없었다. 어머님이 불러주시던 새아가나 일곱 형제자매가 불러주는 형수님, 새언니 또는 동서들의 형님도 정겹고 좋았다.

   이렇듯 많은 호칭을 두고도 이름에 특별한 의미를 두고

생각해 본 적이 없다가, 어느 날 지인으로부터 사업 제안이 있고 난 뒤 우리나라 명리학 대가의 수제자라는 분의 권유를 받게 되었다. 사업을 시작하기 전 이름을 바꾸어 보라는 것이었다.

이름은 불릴 때의 어감이 상당히 중요한데 내 이름 '경숙'이 발음상 중간자인 '경'자가 힘없이 흐르는 발음이라 중년에 크게 힘을 발하지 못할 수도 있겠다는 설명에 덧붙여 마지막 이름자인 '숙'자는 어감상 모으는 힘이 있어 말년 운은 좋을 거라 했다. 하지만 말년이 되려면 까마득히 먼 시간을 기다려야 할 시점이었다.

성급한 나는 중년 운에 갈급하기 시작했다. 어려운 명리학을 내가 잘 이해했는지 모르지만, 중년에 특별한 영화가 있을지도 모른다는 기대를 했었다. 결국 부모님이 지어주신 이름이 있는데도 '민정'이라는 새 이름을 받아왔다.

새 이름을 누가 좀 불러주면 좋으련만, 친구 몇을 제외하고는 알려줄 곳이 마땅찮았다. 아이들이 어릴 때라 이웃들은 누구 엄마라고 부르는데 새삼스레 바뀐 이름을 불러달라고 청할 수도 없었다.

고민 끝에 새 이름으로 작은 도장을 새겨 와 백지를 펴놓고 꾹꾹 눌러 찍어봤다. 또렷한 이름자가 붉게 도드라진, 손가락 두 마디쯤의 작은 물체에서는 알 수 없는 기운이 느껴졌다. 새로 새긴 도장이 특별한 힘을 발하여 중년 운이 번성하길 기원하며 도장을 화장대 위 서랍에 고이 모셨다. 그러나 한 달이 가도 두 달이 지나도 도장은 사용처가 없었다.

고심 끝에 이번엔 은수저 한 벌을 사서 이름을 음각으로 새겨 넣었다. 새 이름이 새겨진 수저로 밥을 먹으면 행여 커다란 행운이 찾아와 줄지도 모른다는 기대를 품었다. 그러나 은수저는 내 기대와 달랐다. 자주 때가 타고 검게 변색 되어 나를 몹시 성가시게 했다. 건강이 안 좋아지려면 수저의 색이 먼저 변한다고 하던 윗집 아주머니의 걱정스러운 눈빛도 마음 쓰이고, 시간이 지나도 운이 좋아질 기미는 감감무소식이었다. 한동안 주저하다 은수저마저 찬장 서랍 깊숙이 자리를 잡아주었다. 그 후 도장도 은수저도 까맣게 잊은 채 오래 바쁜 시간이 흘렀다.

나는 유교를 숭상하던 집 맏딸로 태어났다. 위로 둘이나 잃은 뒤 얻은 자식이라 이름을 지을 때 여러 각도로 고심했었다는 이야기를 들은 적이 있다. 부모님이 애지중지 어린 딸의 명과 복을 염원하며 지어주신 이름을 바꾸면서까지 행여 있을지도 모를 부귀영화를 탐했던 것이다.

부모님의 기원을 저버리고 중년 운의 번성 운운하며 덜컥 이름부터 지어온 철없는 딸을 하늘에 계신 부모님은 어떤 심정으로 내려다보고 계셨을까. 어쩌면 결혼하면서 전업주부가 되어 동동거리는 딸자식의 조급한 마음이 안쓰러워 걱정하고 계시지는 않으셨을까. 오래전 일이지만 새삼 죄송한 마음이다.

새 이름으로 불리진 못했지만 중년을 그냥저냥 넘긴 지금에 와서 돌아보니 명리학 대가라는 그 선생님 말씀이 크게 틀리지 않은 듯하다. 노후가 좋을 이름이라시더니, 지금 이만한 호사도 이름의 덕일지도 모른다. 비록 부자는 아닐지라도 형제간 우애 있고 건강하게 예까지 왔다. 말년 운이 좋을 거라던 그 말씀을 이제는 믿어도 될 듯싶다.

철없던 그때처럼 크게 번성할 운을 바라는 허망한 욕심 같은 건 내려놓은 지 오래다. 다만 오랜 시간 지난 후라도, 혹여 나 떠난 뒤라도 나를 떠올리며 다정했던 사람으로, 이웃의 어려움에 따뜻한 손길 보탤 줄 이는 참 괜찮은 사람으로 기억되길 바라는 마음이다.

어쩌면 이도 과한 욕심일 것이다. 그러나 어쩌랴. 시간 지날수록 더 뚜렷해지는 문양을. 그래서 나는 지금도 이름의 힘을 믿고 싶은지도 모른다.

마음이 가는 대로

 오래 가까이 지내던 두 선배를 모시고 점심 식사와 커피 타임이 있었다. 장현동에서 점심을 먹고 먼 길 돌아 주전에서 차를 마시고 돌아오는 길이었다.

 한쪽으로 기운 정치적 불만에 이어 친한 선후배 사이에 있었던 오래전 사소한 서운함이 화제에 올랐다. 막무가내 원망과 서운함을 쏟아내는, 평소에 없던 두 분의 제어할 수 없는 노기를 목도 했다.

 아끼던 몸뚱이도 어느 날 미련 없이 두고 떠나야 할 시간이 저만치 다가오는 팔십 중반이 넘는 두 선배의 대화에서, '늙는다는 것은 참 비참한 것입니다' 하던 옛 도반의 말이 스치듯 떠 올랐다. 물리적 노화야 피할 방법이 없겠시난 피폐해지는 정신은 어쩔 것인가. 생각하니 두려운 마음이 된다.

두 선배의 변화가 그냥 노화로 인한 것이라고 단순히 넘길 수 없는 것이. 당면한 내 과제이기도 해서다. 칠 학년 고개를 넘으면서 사소한 일에도 전처럼 너그러울 수 없는 낯선 여자가 자주 등장한다. 그래서 때론 당혹스럽기도 하다.

상실감을 추스르기에는 시간이 부족했다고, 그래서 옹졸한 거라고 에둘러 변명을 해 보지만 시간이 지나도 형제들의 무심함이 야속하기만 하니, 나 원래 이리 속 좁고 소심한 사람이다. 대놓고 말해야 할까? 참 난감한 상황이다.

50여 년, 집안 대소사는 맏이인 내 책임이었다. 그러니 당면과제도 으레 내가 알아서 해결할 거라 믿고 있는지도 모른다고, 그리 이해하면 된다. 그러나 때때로 서운한 마음이 일어서는 게 무슨 까닭이냐고 누가 물어오기라도 하면, 나이 들어서 그렇고, 내 설움에 겨워서 그런다고 변명이라도 할 텐데….

아무리 형제지간이라도 각자 생각이 다를 수도 있다. 상황에 따라서도 달라진다. 그런데 만약에 나라면, 이라는 단서가 웬 말인가. 한참 모자라는 생각을 왜 하게 되는지 나 자신도 알 수가 없다. 달리 생각하면 오십여 년 내가 형제들을 그리 길들여 왔을지도 모른다. 사소한 것까지 챙기며 예까지 왔으니. 으레 그럴 것이라고 믿고 있을 것이다.

몇 해 전 남편을 떠나보내고 이번엔 이 집안 장손인 아들을 보냈다. 필요 이상 걱정을 해 달라는 게 아니다. 누구도 어쩔 수 없었음도 안다. 그러나 안부는 고사하고 집안 대소사는 당연히 형수가 알아서 할 거라 여기는 동생들 처세는 야속하고 서운하다. 이런 내가 옹졸한 것일까? 속내를 누르고 있었지만 원래 나라는 사람이 이리 편협했을지도 모른다는 생각에 지나간 시간을 더듬어 본다.

코로나 여파로 외지 출타를 자제하라는 마을 방송이 있었다는 전화 한 통을 끝으로 명절도 기일도 형수 혼자서 어쩌냐는 걱정 한마디가 없다 이건 배려도 경우도 아니다. 아무런 소득 없는 일에 혼자 마음 써봐야 서운하기만 할 뿐, 뾰쪽한 대안이 있을 리 없다. 이를 뻔히 알면서도 서운한 마음을 내려놓지 못해 이리 미련을 갖는 걸 보니 나도 어쩔 수 없는 노인의 길에 들었나 보다.

칠 남매 맏이로 시집와서 우애 있는 형제로 잘 지내왔다. 형이나 형수에게 뇐소리 한번이 없던 유순한 형제들이다. 아직 경험하지 못한 상황이 당혹스러워서 그러는 거라고 너그럽게 생각하면 될 것을 왜 이러는지 모르겠다.

　외국에 있는 둘째 아들이나 이웃에 있는 딸과 사위에게도 행여 가족 간 서운함이 상처가 될까, 내색하지 못했다. 하지만, 야속하다는 생각이 떨쳐 지지가 않는다. 참 못난 윗사람이다. 어쩌면 노화로 오는 물리적 변화와 내 상황이 맞물려 자꾸 작아지는 게 아닌지 마음을 되짚어 본다. 더 세월 지나면 나도 옹색하고 편협한 노인이 될지도 모른다. 생각하니 나이 드는 것이 참으로 두렵고 조심스럽기도 하다.

　며느리 말이 사실이라면, 어미를 위로하려는 거짓이 아니라면, 동생들 처지에서는 그럴 수도 있겠다 싶다. 이해하려면 못 할 것도 없다.

　잦은 제사가 젊은 조카나 조카며느리에게는 부담되었을 것이다. 그렇다고 설마 제사 안 지내려고 교회 간다고 말했을까? 만약 사실이라면 칠순 넘은 동생들 역시 내색 못 할 고민이었을 것이다. 늘 그래왔듯이 형수가 다 알아서 해주길 바라며 슬며시 뒷전으로 나앉을 수밖에 없는 곤욕스러운 처지일지도 모른다.

　형수님 말이 법이라고 했다. 혹시 내 입에서 제사가 힘에 부친다는 말이라도 나올 것 같아 안부 전화도 못 하고 있었다면, 형제들의 마음도 좌불안석이 아니었을까.

'형님 죄송해요.'로 시작된 통화에서, '저희 할 도리를 못 해서로 끝난.' 3년 만에 걸려 온 손아래 동서의 울먹이던 목소리가 진심이라 믿고 싶다. 그렇다고 크고 대단한 걸 바라는 게 아니다. 가끔은 안부 전화도 하고 예전처럼 오고 싶을 때 우다다닥 달려오기만 해도 좋겠다.

생각을 정리해 본다. 내 며느리도 일 년에 여덟 번 제사가 부담되지는 않았을까? 가족들 모두 모여 함께 기쁘고 즐거웠던 시간이 아니라 피하고 싶은 의례적인 행사였을지도 모른다. 옛날 사람인 내 뜻만 내내 고집하지는 못할성싶다. 참 난감한 상황이다.

조상님 제사, 동생들이 모시겠다고 해도 물려줄 생각이 없다. 기일이면 아직도 코끝 찡하게 부모님이 그립다. 살아생전 넘치게 주신 사랑을 금생今生 다 갚지 못할지라도 내 육신 성할 때까지 마음을 다하고 싶다. 제물의 양이나 가짓수가 문제 될 리 없다. 내 힘닿는 대로 차리면 될 것이다. 그러다 이도 힘에 부치면 따끈한 차 한 잔에 향 한 개비 올리고 성심껏 기도하면 될 것이다.

형제들 나이로 보아 남은 시간이 그리 길지 않을지도 모른다. 예전처럼 20여 명 넘는 가족들이 북적대지는 못할지라도, 애틋한 추억들 나눌 아까운 시간 다 지나가기 전에 왔으면 좋겠다.

 올해는 추석 연휴가 유난히 길다. 장손 며느리 우리 순이도 다 접어두고 직장 스트레스 확 날려버릴 여행이라도 꿈꾸고 싶지는 않았을까. 어쩌면 복잡한 속내를 묻어두고 등에 올려진 종부의 무게가 힘겨워, 교회로 간 제 사촌 동서들을 부러워하지는 않는지, 차 상을 마주하고 속마음이라도 나누어 봐야겠다.

 우리 하는 일에 늘 마음이 먼저다. 마음 가는 대로 하면 된다. 진심이 담긴 만큼만 하면 되는 거라고 두런두런 이야기해주고 싶다.

고운 노을빛으로

 하늘이 희뿌옇다. 곧 눈이라도 내릴 태세다. 펼쳐놓았던 서류들을 정리하고 서둘러 퇴근길에 나섰다. 마주 오는 차들의 불빛이 선명해지는 도로를 달려 적막이 주인을 자처하는 내 집에 도착했다. 어둠을 밀어낼 양으로 방마다 전등 스위치를 올리고 간단한 저녁상을 마주하고 앉았다.

 핸드폰이 부르르 떤다. 진동으로 해 놓고 깜박했던가 보다. 근황을 걱정하며 기다렸던 그녀의 전화다.

 "왕소금 철철 뿌리고, 고기 구워 먹읍시다."

 지난달 그녀와 봉계에서 소금구이로 점심을 같이하고 내년 코스모스필 때 사진 찍으러 오자는 약속까지 하고 헤어졌다. 두어 주쯤 지난 어느 날, 큰 병원에서 항암치료를 받고 있다는 소식을 전해 나를 당황하게 하더니, 오늘은 네

번째 치료를 마쳤다고 한다. 머리카락이 한 움큼 빠졌지만 아직은 견딜만하다며 남의 이야기를 전하듯 담담하게 근황을 알린다.

그녀의 말이 끝나길 기다려 내가 물었다. 식사는 좀 하는지, 기분은 괜찮은지를….

지난번 자조적인 목소리로 드디어 올 것이 왔다고, 길어야 두 달쯤 남은 것 같다던 그와의 통화를 마치고 한동안 뭘 해야 할지 몰라 허둥댔던 기억이 있다. 그리고 한 달이 조금 지났다. 다소 들뜬 목소리로 위문차 다녀간 친지들 근황을 전하는 그의 심리상태를 어떻게 이해해야 할까? 허둥대는 마음을 숨긴채 겉도는 대화는 한참이나 이어졌다.

그의 말대로라면 남은 시간의 반 이상을 항암치료에 소진한 셈이다. 늑골 아래쪽에서 시작한 암세포가 온몸으로 퍼져 더는 손 쓸 수가 없다 했다. 이런 상황에도 고통스러운 항암제 투여는 계속되어야 하는지 안타깝고 걱정된다. 그러나 차마 물어볼 수도 없다. 회복을 바라는 마음도 눌러두고 잠자코 그의 이야기를 듣고 있지만 속으론 애가 탄다. 그러나 내색 할 수도 없다.

집에만 있어 갑갑하다며, 시집을 펼쳐놓고 시를 낭독했

다느니, 아랫배에 힘을 주고 기를 써 오카리나를 불었더니 배변이 훨씬 수월해졌다느니, 조곤조곤 일상을 풀어놓는다. 어쩌면 아들을 보낸 상처가 아물지 않은 나를 배려하느라 짐짓 태연한 척하는 건 아닐까? 나는 잠시 울컥해져서 천정만 바라보고 있었다. 내 기척을 아는지 모르는지 이야기는 계속 이어졌다.

발병 소식에 달려온 막내딸이 먼 타국의 제 직장으로 내일 돌아가야 한다는 대목에서는 복잡한 마음을 슬핏 내비쳤지만, 평소와 다름없다. 오히려 적절히 대응할 말을 찾지 못한 내가 더 허둥댄다. 어설픈 위로나 뻔하게 속 보이는 희망을 논할 수는 없다. 어물쩍 대화를 이어가면서도 그의 예상이 잘못되었길, 병마를 이기고 활짝 웃는 얼굴로 만날 수 있길 바라며 사위어가는 이 소중한 시간에 그를 위해 나는 무엇을 할 수 있을까? 통화 내내 빈민했다. 하지만 어떤 대책도 해답이 될 것 같지 않았다.

어느 때 비껴갈 수 없는 상황이 내 앞에 펼쳐진다면 그때 나는 어떤 모습으로 그 상황을 맞이하게 될까. 칠십 중반인 그녀의 나이가 마냥 젊지는 않나지만 떠나기 아깝잖은 나이가 어디 있겠는가. 자신의 짧은 마지막을 저리 담담하게 전하고 있는 그의 성찰이 낯설고도 멀게 느껴진다.

 아들을 보내고 망연자실하던 내게서도 가까운 지인들이 이런 느낌을 받았을 거라는 생각이 든다. 비보를 접하고 황망히 달려왔는데 예상과 달리 담담해 보였으니, 다행이다 싶다가도 생경스러웠을 것이다. 어떤 이는 자신은 힘들 때 대놓고 투정도 했는데 어쩜 그리 힘들다는 푸념 한마디가 없는지, 너무 낯설고 서운하다고도 했다. 웬만해야 말로 푸념이라도 하지. 더는 일그러진 모습으로 가족 친지들에게 부담을 주고 싶지 않았다는 변명을 속으로 삼키기도 했었다.

 어쩌면 그녀도 감당하기 힘든 현실 앞에 잠시 할 말을 잃고 자신을 추스르고 있는지도 모른다. 가족들에게 사후 수습과 장례 절차를 꼼꼼히 일러두었다는 그의 말속에는 어떤 말로도 위로가 될 수 없으니 실없는 참견이나 위로는 사양한다는 뜻이 내포되어 있는지도 모른다.

 굽이굽이 생의 변곡점을 지나 죽음에 이르는 것이다. 그 길에 이르는 다양한 감정변화 중 부정과 분노단계를 지나고 타협이나 우울의 단계를 건너야 비로써 수용의 단계에 들 수 있다. 그녀는 이미 소모적인 감정 정리가 끝난 평온의 단계에 든 것일지도 모른다. 애써 가다듬은 마음 흩어지지 않도록 함께 초연해져야 한다고 생각하지만 쉽지가 않다.

삶의 각진 마디를 만날 때마다 평상심을 잃지 말자. 늘 다짐하지만, 번번이 실패다. 나는 오늘도 아주 작아지고 휘청이는 마음으로 그녀와 갔던 내원암 계곡을 서성이는 나를 만난다. 그녀가 준비해 온 다식과 녹차 한잔으로 연푸른 봄을 깨우던 그날, 도란도란 흐르던 물소리가 아직도 귓가에 아련히 맴도는데, 어쩌면 그녀가 앞서 긴 여행길에 오를지도 모른다고 생각하니 인생 참 덧없다 싶다.

서쪽 하늘에 곱게 물든 노을은 해가 곧 산등성이를 넘게 될 거라는 이별을 알리는 몸짓일 것이다. 보내는 마음이 어찌 아쉽지 않을까만 반드시 아침은 돌아오고 동산에 밝은 해가 붉게 떠오를 거라는 믿음이 있어 긴 밤을 보내며 새벽을 기다린다.

여백의 낱알들
- 가을이 까치발로 오다

4부

- 물 밑에 있는 발
- '오지랖' 대동단결
- 공생관계
- 신이 알려주지 않은 날
- 사과김치
- 내 기억도 못 믿어
- 조부님 기일에

물밑에 있는 발

 수북하게 내려앉은 잎들이 한해의 갈무리를 재촉하고 있다 서둘러 수고하신 봉사자분들을 영화관으로 모셨다. 따뜻한 점심이라도 대접 하고 싶었지만 만만치 않을 경비가 부담되어 영화관 한 칸을 빌렸다.

 영화 상영 전 그간의 노고에 대한 인사와 개근하신 봉사자와 우수단체에 감사장과 기념품 전달이 있었다. 지난여름 혹독한 더위에 무료급식소 주방에서 일일 200여 노인분들 식사 준비를 하는 내내 웃음을 잃지 않았던 고마운 분들이다. 내년에는 좋은 식당에 모실 수 있길 바라며, 참석한 300여 명 회원들이 가벼운 율동으로 하나 되는 시간에 이어 영화가 시작되자 나는 다음 일정이 있어 상영관을 나섰다.

엘리베이터 앞에 조금 전 노래와 율동을 지원해 주던 강사가 기다리고 있었다. 그는 엘리베이터가 내려오는 그 짧은 시간에 빠르게 속마음을 쏟아냈다. '사회복지법인 하려면 돈 많이 들지요? 얼마면 될까요? 나도 강사 열심히 해서 꼭 법인 하나 내고 싶어요.' 사뭇 진지한 표정이다. 나는 무슨 말을 해야 할지 몰라 애매한 미소로 답하며 서 있었다. 그는 예정된 일정이 있어 바쁘다며 아쉬운 작별을 고하고 멀어져 갔다.

나는 매일 분주하게 발을 휘젓고 있었다. 그런데 겉모양은 유유자적 물 위를 유영하는 편안한 한 마리 학으로 비추어졌던가 보다. 혼자 쓴 웃음을 지으며 주차장으로 향했다.

저만치 총총걸음으로 멀어져가던 레크리에이션 강사처럼 사회사업가가 되고 싶다는 분들이 더러 있다. 그중 대다수는 사회복지 활동이 전문적 활동이라기보다 자선이나 봉사라 여기며 좋은 일도 하고 돈도 벌고 싶다는 속내를 보이기도 한다.

'사회복지법인' 이름 그대로 복지사업을 하는 법인이다. 사회 곳곳의 어려움들을 찾아 그 해결에 따른 정책을 개발하기도 하고 필요한 자원을 연계하는 등, 지역사회 복지증

진을 위한 활동을 하는 곳이다.

복지안전망 구축을 위해 필요 재원을 중앙정부나 지자체가 지원한다. 그러나 지원되는 재원이 인건비와 운영비로 사용되며, 부족한 사업비나 대상자들의 갖가지 욕구 충족에 따른 자원을 기업이나 지역독지가의 후원으로 충당하곤 한다.

기관의 역할에 따라 다소의 차이는 있을지라도 서비스 대상자의 다양한 욕구를 충분히 담아내기에는 정부 재정이나 행정기관의 지원만으로는 한계가 있다. 그래서 대체로 대상자들의 문제 해결을 위해 현장 활동가들은 프로그램 개발이나 자원 연계에도 골몰하게 된다. 결국 물아래에서 더 분주한 오리의 갈퀴가 되는 것이다.

우리는 때로 현란한 무늬에 현혹되어 실체를 살피지 못하는 오류를 범하기도 한다. 지역의 문제 해결을 위해 지난한 시간을 견뎌야 하고 낯선 길 위에서 새로운 방향 찾기에 골몰해야 하는 어려움의 실체를 간과하고 물 위의 모습으로만 재단되기도 한다. 사회복지사업이 자본주의에 입각한 경제관념으로만 본다면 노력에 비해 성과가 형편없이 떨어지는 사업이라 해도 틀린 말이 아닐 것이다. 그러나 우리는 이 땅에 수많은 생명체 중 사람으로 왔다. 떠나는 시간이 도래하기까지 나와 남이 함께 이로울 수 있는 활동이라면, 이는 값지고 의미 있는 활동일 것이다.

현장 상황이 열악했던 사회복지 초기 가끔 이 힘든 일을 왜 하냐고 물어보는 이가 있었다. 순간 말문이 막혀 헛웃음을 웃고 말았지만, 질문을 받고서야 곰곰이 생각해 보았다. 나와 남을 이롭게 하겠다는 원대한 목표가 있었던 게 아니었다. 어쩌다 이 활동과 인연이 닿았고 금융위기라는 국가적 재난 상황에 무방비로 내쳐 진 이웃들에게 내가 필요하다는데 차마 외면할 수가 없었다. 그 작은 마음이 지금 예까지 오게 한 것 아닌가 싶다.

내 개인적 입장에서는 결혼과 출산으로 이어진, 매일이 별반 다를 것 없던 무미건조한 일상으로부터 탈출이 필요했던 것인지도 모른다. 가끔 실체와 상관없이 과대평가를 해 주는 분들이 있어 힘을 얻기도 하고 때론 민망하기도 하다. 그러나 다음 어떤 시기에 유사한 상황과 맞닥뜨리게 될지라도 그냥 외면 하지는 못하지 싶다.

며칠째 눈이 뻑뻑하고 시야가 흐리다. 무리했던 탓이라 생각되어 가까운 안경점에 들렀다. 시력이 더 떨어졌으니 서둘러 새로 안경을 맞추란다. 치료를 요하는 질환은 아닌 듯해서 다행이다. 초점을 맞추기 위해 시력 책정용 안경을 쓰고 몇 걸음 걸어봤다. 한결 밝고 잔글씨도 또렷하다. 안경사가 권하는 요즘 유행이라는 동그란 안경테까지 마음에 들어 기분이 한결 밝아졌다.

이렇게 얄팍한 유리알 속에 우리를 이롭게 하는 기능을 품고 있다니, 새삼 단번에 세상을 밝혀주는 안경의 역할이 고맙다. 어쩌면 사회복지 현장에서 묵묵히 제 소임을 다하는 활동가들이야말로 이웃의 아픔과 어려움은 물론 밖으로 드러내지 못하는 가슴속 상처까지 살피고 보듬는 '동행'이라는 이름의 특별한 안경 하나쯤 가슴에 품고 있는 것이 아닐까. 이웃을 향한 온기와 수고를 마다하지 않는 그들의 헌신적인 활동에 박수를 보낸다. 그리고 지역사회를 위한 활동에 동참하고자 큰 뜻을 내는 미래의 사회복지 활동가들께는 가감 없는 현장의 고뇌를 함께 나누고 싶다.

과학의 발달로 멀리 떨어진 지구 반대편까지 얼굴 마주 보며 영상통화가 가능한 시대에 살고 있다. 이제 머지않아 물속에 발을 들여놓지 않고도 무한책임이라는 배낭을 메고 물밑에서 바삐 움직이는 오리발의 고뇌를 명징하게 볼 수 있는 새로운 안경이 등장할지도 모른다.

언제 다시 그 강사를 만나 그때도 사회복지활동을 할 뜻이 있다면 오랜 시간 물밑을 응시해 보라고 할 것이다. 그리고 이웃의 어려움에 외면하지 않고 동행할 준비가 되었을 때, 그때 시작해도 늦지 않다고 말해 주련다.

바람이 갈퀴를 세우는 이맘때쯤 한 해 업무들이 갈무리된다. 후원과 봉사로 참여한 회원들께 감사 인사를 필두로 성과분석과 결과평가 그리고 결산에 따른 내년도 사업계획 등 사회복지기관들은 온통 격무에 내몰리게 된다. 하지만 이웃의 어려움에 외면하지 않고 동행을 자처하는 고마운 분들이 있는 한 사회는 삐걱대지 않고 순하게 굴러갈 것이다. 또한 현장에서 소임을 다하는 활동가들은 힘을 얻게 될 것이다.

'오지랖' 대동단결

"할머니 안 바쁘세요? 저 좀 데리러 와 주세요."

비 내리는 오후 초등학교 저학년 외손자 전화다. 제 아빠나 엄마는 직장 일로 올 형편이 못 될 줄 알았는지 내가 와 주면 좋겠다 한다.

우산은 가지고 있는데 비가 자꾸 옆으로 와서 우산을 쓸 수가 없단다. 더구나 친구들이 우산이 없어 할머니가 와 줘야겠다는 것이다. 반갑기도 하고 안쓰럽기도 한 마음에 예정된 약속을 미루고 서둘러 손자가 기다리고 있는 학교 앞 문방구로 갔다.

바람에 날리는 빗줄기 사이로 창밖을 내다보고 있던 손자가 올망졸망한 제 친구들을 데리고 차에 올랐다. 학교와 멀지 않는 저희들 아파트단지에 드니 지하 차고로 들어가잔다. 이유가 걸작이다. 친구들 우산이 없으니, 비를 맞지 않도록 아파트 지하 주차장까지 데려다줘야 한다는 것이다.

지하 주차장을 이리저리 돌아 친구들의 집 통로 앞에 차례대로 내려주고 차 안에 손자와 둘만 남았다. 나는 손자의 조그만 손을 꼭 잡고 조곤조곤 일러주었다.

"비가 올 거라는 일기예보가 있으면 우산은 미리 챙겨야 하고, 비가 오늘처럼 조금 올 때는 비를 좀 맞아도 되니 씩씩하게 걸어서 집으로 가는 거야."라고 했다. 친구들이 비 맞을까 봐 걱정하던 일은 칭찬하기도 그렇고 나무랄 수는 더더욱 없으니 묻어두기로 했다. 그러나 내심 친구들을 향한 녀석의 속 깊은 배려가 기특해서 흐뭇하기도 했다.

얼마 전, 출판행사에 참여하기 위해 가는 길이었다. 시가지 중앙에 있는 복잡한 공용주차장 3층에 간신히 주차를 하고 내려오는데 1층 입구 쪽에 주차된 차량에 조금 전 올라갈 때처럼 전조등이 환하게 켜져 있었다. 블랙박스에 의한 방전으로 곤란을 겪었던 때가 생각나 차주에게 알려 줘야 하나 아니면 모른척할까? 잠시 고민이 되었다. 행사 때 전달할 커다란 꽃다발과 비까지 내려 기다란 장우산에 핸드백까지, 들고 있는 짐이 만만치 않아 망설여졌다. 그러나 그냥 외면하지 못하는 내 오지랖이 이미 작동되었으니 어쩌랴.

꽃다발을 다치지 않게 한쪽으로 옮겨 안고 우산을 겨드랑에 꼈다. 그리고 핸드백을 더듬어 전화기를 꺼내 차량 앞 유리에 부착된 숫자를 꾹꾹 눌렀다. 잠시 후 영혼 없는 전자음이 없는 번호라고 일러준다. 다시 연락처 확인을 위해 운전석 문 앞을 기웃대는데 차창 유리가 스르르 내려오더니 차 안에서 젊은 남자가 "왜요, 무슨 일인데요." 퉁명스럽게 내뱉는다. 황망한 나머지 "혹시 모르고 불을 켜 둔 줄 알고……." 더듬더듬 말끝을 흐리고 말았다. "아, 네 고맙습니다." 라고 한다.

이 얼마나 황당하고 민망한 일인가. 꽃다발을 추슬러 안고 주차장을 나오면서도 때때로 작동되는 내 어줍잖은 오지랖을 어찌해야 하나 했다. 오늘 외손자가 친구들 챙기는 마음도 어쩌면 내 이런 오지랖 영향은 아닐는지. 그러나 살다 보면 삶의 어느 행간 누군가의 작은 배려나 관심이 꼭 필요할 때가 있다.

이느 닐 늦은 밤 내 핸드폰에 날아온 문자 한 통, '차 유리창 열려있던데요.' 화들짝 놀라 주차해 둔 어둑한 공원으로 달려갔다. 운전석 옆자리에 두고 내린 핸드백이 그대로 있었다. 화급히 백 안을 더듬어 확인했다. 제법 거금이라고 할 수 있는 현금 뭉치와 지갑도 고스란히 있었다. 잠시 들렀다 올 생각에 일정 논의에 필요한 서류를 챙겨 내리면서 차의 유리가 완전히 내려져 있음을 몰랐던가 보다. 여러 해가 지났어도 문자로 알려주어 커다란 손실을 방지하게 해준 그분께 감사한 마음이다.

　유독 잘 잃어버리거나 놓치는 성격 탓에 실수하지 않으려 긴장하곤 한다. 그러나 늘 엉성한 내가 큰 어려움 없이 예까지 순탄하게 올 수 있었던 것에는 곁에 좋은 이웃들의 헌신과 배려가 있었기 때문이다.

　허허벌판 외딴 길 위를 걸을 때 같은 보폭으로 묵묵히 함께 걷는 동행만 있어도 크게 힘이 된다. 어쩌다 비바람 들이치는 쪽마루나 진눈깨비 흩날리는 고갯길에서도 혼자이지 않게 곁에서 손 내밀어 준 도반들이 있었다. 덕분에 아슬하고 경사진 길 위에서도 방향 잃고 홀로 헤매거나 낙오되지 않았다. 돌아보니 그들이 있어 참 든든하고 힘이 되었었다.

　모르는 척해도 될 것을, 때로는 상대가 청하지도 않는데 참섭하고 나서지는 않았나 싶다. 그런 내 처사가 오지랖으로 보였을지도 모른다. 사실은 나 자신도 성가시고 버거울 때가 있다. 그러나 내 사소한 배려가 상대에게 작은 위안이라도 될 수 있다면 시도 때도 없이 불쑥불쑥 올라오는 오지랖을 크게 나무라지는 않으려 한다.

언제 또 손자가 오늘처럼 와 달라고 하면, 무심한 척 그러나 마음속으로 쾌재를 부르며 달려가게 될 것이다. 그리고 어린 외손자의 고운 감성과 품 넓은 오지랖을 마음으로 응원할 것이다.

지구촌 공생가족

 멀리서 온 지인들과 정자 활어회센타에 갔다. 도다리 오징어 등을 주문하고 돌아서는데 고무대야 바닥에 납작 엎드린 채 기척이 없는 가자미가 있었다. 매운탕용으로 사려고 주인에게 물었다.

 "저 가자미 살아 있는 거 맞죠?"

 건장해 보이는 아주머니가 비닐 앞치마의 물기를 털어내며 쇠고리 달린 막대로 고무대야를 툭 쳤다. 놀란 가자미가 건재함을 과시하듯 펄쩍 튀어 올랐다. 사방으로 물이 튀었고 놀란 일행들은 까르르 웃음을 터트리며 뒤로 물러났.

 기진한 듯 엎드려 있던 가자미는 좁은 고무대야 바닥에서 무슨 생각을 하고 있었을까? 어쩌면 넓은 바다를 유영하던 지난 시간을 회상하며 다시 돌아가고 싶어 했을 것이다. 그리고 홀로 남겨졌다는 사실에 더 절망하고 있었을지도 모른다.

활어를 멀리 운반할 때 새끼 상어를 함께 담아간다고 들었다. 적당한 긴장감이 폐사율을 낮추기 때문이란다. 고무 대야에 닿는 충격만으로도 엎드린 가자미를 화들짝 놀라 튀어 오르게 했다. 경천동지할 정도가 아니라면 적당한 자극은 활력을 높이는 힘이 되기도 하는가 보다.

지난여름 긴 장마와 유난하던 태풍을 떠올리며 '적당한'이라는 단어에 집중하게 된다. 기다리던 비가 안 와도, 넘치게 와도 문제다. 어느 곳은 비가 오지 않아 숲이 마르고 엄청난 크기의 사막이 생겨나기도 했다. 반대로 홍수에 집과 논밭이 쓸려가고 산사태가 속출하는 곳이 있어 우리를 애태우게도 했다. 만약에 활어차에 활기 왕성하고 포악한 상어를 함께 넣는다면 어떤 결과를 초래하게 될까?

비와 바람이 그리고 건강한 햇빛이 넘치지도 않고 부족하지도 않게 적절한 양으로 오면 좋으련만, 감당하지 못할 태양열에 후끈 달아올랐던 지난여름 지열이나 비바람을 몰고 왔던 광풍을 생각하니 여름이 아직 저만치에 있는데도 미리부터 걱정이 앞선다.

지구별이 저에게 깃든 수많은 생명체를 일부러 힘들게 하려는 것은 아닐 것이다. 어쩌면 환경오염으로 인한 오존층파괴를 알리고 앞으로 더 가파르게 변화될 기후변화를 예고하려는 것일지도 모른다. 불균형한 공생관계에 있는 우리에게 임계점이 가까워지고 있다는 것을 알려주려 했을 것이다. 신음하고 있는 자신을 구해 달라는 구조의 손짓이며 공존하는 관계로 나아가자는 선언적 호소일지도 모른다. 그렇다면 더는 수수방관하고 있어서는 안 될 일이다.

 활어 운반차에 포식 어종인 상어를 함께 넣는 원리가 여기에도 적용되는 것 같다. 세상 이치가 서로 협력하며 상생하는 거라서 누가 누구에게가 아니라 서로에게 힘이 되는 공생관계가 요구되는 것이다. 우리는 악어와 악어새처럼. 꽃과 벌처럼 서로 도움 주고 도움받는 지구촌 공생 가족이라는 사실을 다시 되새겨야 할 시점이지 싶다.
 치솟고 하강하기를 널뛰듯 반복하는 수은주가 지구별 임계점을 알리는 신호라면 우리는 머리를 맞대고 해결책 모색을 고민해야 할 때다. 비 온다고 불평할 수도, 바람 분다고 나무랄 수도 없는, 비는 비의 역할이 있고 바람은 바람

대로의 몫이 있을 것이다. 다만 넘치거나 부족하지 않을 적절한 양으로 와 주길 바라는 우리의 바람을 위해서라도 더 늦기 전 지구 환경변화에 적극 동참해야 한다.

고민이 고민으로 끝나기에는 급박한 상황에 와 있다. 남극의 얼음이 빠르게 녹고 있어 온도의 가파른 상승이 불을 보듯 빤하다. 특히, 얼음이 녹아 바닷물 염도가 떨어진다니 수생 생물이 생존의 위협을 받게 될 것이다. 떠다니는 빙하에 햇빛이 차단되고 산소공급이 떨어지면 바다 생태계 전반이 위험에 노출될 수밖에 없을 것이다.

지구별의 신음이 들리는 것 같다. '세계자연보전연맹'은 현재 지구상 이만 오천여 종의 식물과 천여 종에 달하는 동물이 멸종 위기에 놓여있다고 한다. 숲과 강이 마르고 그곳에 깃든 생명체가 사라지는데 우리는 살아남을 수 있을까?

고무대야에 갇힌 가자미 신세가 되기 전 지구환경 보존을 위해 팔을 걷어붙일 일이다. 적당한 긴장감은 필요하겠지만 넘침은 재앙이 된다. 지금이라도 부족한 부분을 채우고 넘치는 곳은 가감 없이 덜어내는 행동 돌입에 들어야 할 것이다. 그리고 공생관계에 있는 지구별 가족을 각별한 마음으로 사랑할 일이다.

신이 알려주지 않은 날

 오랜 도반이자 고향 친구인 그녀가 찾아왔다. 한동안 적조했던 터라 우리는 얼싸안고 서로의 근황을 주고받았다.

 몇 년 전 뇌출혈로 모두를 놀라 달려오게 했던 나의 건강에 대한 화제로 분위기가 무르익을 즈음, 오래전 내가 활동했던 호스피스 봉사에 관심을 보이며 사뭇 진지한 표정이다. 여러 사례 중 특히 통증 완화가 어려웠던 환우의 사례에서는 먼곳을 응시하며 더욱 무거운 표정이 된다.

 나는 언뜻 여윈 것 같은 그녀에게 요즘 체중 관리하냐고 했고 그녀는 잠시 말을 끊고 생각에 잠겼다. 무언가 가볍지 않은 변화가 있는 듯해서 나도 잠시 뜸을 들이다가 무슨 일 있느냐고 조심스레 운을 뗐다.

 "응…. 내가 좀 아파."

작년 봄 화사한 원피스에 예쁜 모자를 쓰고 왔을 때 몸 아래쪽 어느 곳에 작은 혹이 있어 떼어 냈지만 다행히 악성은 아니라고 했다. 그날 모임에 참석한 지인들은 안도했고, 그 후 일 년이 채 지나지 않았다. 이상징후가 느껴져 최근 추가 검사를 했는데, 병원에서는 이미 치료 시기를 놓친 것 같다며 난감해하더란다.

남은 시한이 넉넉잡아 6개월이라는 그녀 앞에 답할 말을 찾지 못한 나는 허공만 바라보고 있었다. 슬며시 내 손을 잡은 그녀가 오히려 '괜찮아' 한다. 이럴 때 나는 무어라 말해야 하는가. 괜찮지 않은데, 괜찮을 수가 없는 상황 아닌가. 미리 귀띔 해주지 않은 신이라도 원망해야 하는가.

생과 사가 갈라 놓을 수 없는 한몸일지라도 우리는 영원을 살 것처럼, 오늘이 영원으로 이어질 것이라 여기며 살고 있다. 그러다 오늘처럼 불시에 허를 찔리고 마는 이 황당함을 어찌 말로 표현할 수 있을까.

우리는 한참을 마주 보고 앉아 말을 잃어버린 사람처럼 식어버린 차만 홀짝이고 있었다. 나는 무거운 침묵을 깨고, '의술이 많이 좋아셨으니….' 말끝을 흐리고 말았다. 그리고 잠시 후 '내가 무얼 해주면 좋겠니?' 물었다. 조용한 미소로 가볍게 도리질 하던 그녀의 입에서는 뜻밖에 바다를 보러 가고 싶은데 동행이 되어 주면 좋겠다고 한다. 눈치 없이 울컥 올라오는 눈물을 애써 감추며 밝은 목소리로, '가자, 바다보러.' 했다.

어색한 내 연기가 더 슬퍼 보였는지 친구는 다소 차분해진 목소리로 '나 정말 괜찮아.' 한다. 독실한 기독교인인 그녀는 신이 가는 날을 알려주지는 않았지만 첨단 과학이 이별을 준비할 수 있게 해주었으니 다행 아니냐고 한다. 어색한 표정으로 앉아있던 나는 그만 숙연해지고 말았다.

하늘이 유난히 파랗다. 우리는 정자바다로 향했다.

우리 사는 세상이 끊임없이 변화하고 있음을 모르지 않았다. 그리고 생명의 유한성을 부정하지도 않는다. 언제가 될지 알 수 없지만 반드시 떠나야 할 날이 올 거란 것도, 생명을 부여받은 종의 피할 수 없는 숙명이라는 사실도 인정한다. 다만 준비 없이 당도한 이별 앞에는 당혹할 수밖에 없다. 특히 그 이별이 나와 내 가족 친지에게 닥친 일이라면 평상심을 잃고 휘청이게 될지도 모른다.

오래전 호스피스 봉사 활동을 할 때다. 진통제 수급이

원활하지 않은 상황에서 가족은 뿔뿔이 흩어지고 홀로 빈방에 방치되어 극심한 고통을 견디는 환우들이 있었다. 생사를 넘나드는 극한의 상황에 함께 낙담하곤 했다.

통증이 극에 달했을 때는 생의 끈을 놓을 수 있게 도와달라고 간청하지만, 그 강도가 잠시 잦아들기라도 하면 살고 싶다는 욕구를 진하게 표출하던 그들의 고통에 편승하면서 삶에 대한 애착이 얼마나 질기고 지난한 것인가에 직면했었다.

우리는 하루의 일과를 마치면 저녁 잠자리에 들게 된다. 그러나 어둠이 계속되지 않고 이 밤이 지나면 새날이 열릴 거라는 믿음이 있다. 그래서 오늘이 저무는 것이 아쉽지도, 밤의 어둠이 두렵지도 않은 것이다.

알 수 없는 어떤 힘이 우리를 이 땅에 데려왔을지라도 주어진 시간과 역할을 마치고 돌아가야 할 시점이 도래하면, 베개를 고쳐 베고 편안한 잠자리에 들 수 있으면 좋겠다. 그러나 사랑하는 가족 친지를 두고 떠나야 한다는 것에, 다시는 만날 수 없다는 사실에 태연하기는 어려울 것이다. 우리는 어쩌면 영생하고 싶다는, 아니 영생할 거라는 믿음 속에 살고 있는지도 모른다.

조용한 찻집, 창가 자리에 마주 앉은 우리는 파도가 끝없이 밀려오는 바다를 바라보며 각자 상념에 들어있었다. 챙 넓은 모자 아래 선글라스로 가려진 그녀의 눈동자가 어디를 응시하고 있는지 알 수 없지만 억지로 꾸미지 않은 편안함에서 깊고 무거운 이별 준비가 느껴졌다. 굳이 무거운 화제로 기분을 상하게 할 필요는 없다. 다만 파도가 수만 가지 모양으로 모래를 쓰다듬고 바위에 부딪쳐 산산조각 부서지지만 종래엔 심해로 돌아가 3%의 소금물로 하나 되는 이치를 되새기며 오래 바다에, 파도 소리에 젖어 있었다.

 돌아오는 길, 도로는 한적하고 바닷바람은 상쾌했다. 5월의 따사로운 햇살과 바람에 날리는 스카프를 매만지던 그녀의 달관한 듯한 미소를 가만히 가슴에 품었다. 그리고 끊임없이 밀려오는 파도와 바다 냄새를 오래 기억하게 될 것이라는 생각을 했다.

 어쩌면 다시는 그녀와 함께 바다를 보러 오지 못할지도 모른다는 슬픈 예감을 애써 밀어내며 일상으로 돌아왔다.

사과 김치

 식당은 오늘도 예외 없이 손님으로 꽉 차 있다. 다행히 예약했던 터라 대기 중인 손님들을 지나 식탁으로 안내되었다. 정갈하게 차려진 갖가지 음식들 사이 갓 버무린 사과김치 한 접시가 떡하니 놓여있다. 맛깔난 음식 앞에서 일행들은 호기심을 감추지 못하고 입맛을 다셨다. 창밖에는 그날처럼 붉은 나뭇잎들이 바람을 타고 바닥으로 내려앉고 있다. 순간 멈칫 얼어붙고 말았다. 가까스로 건너던 마디에 발목이 걸려버린 것이다. 나도 모르게 습관처럼 온몸을 타고 흐르던 나무 잎맥 같은 물관이 정지해 버렸다.

 어느 날 회오리치는 삶의 각진 마디를 만나고 이를 넘지 못해 오래 자기 방임 상태를 이어가기도 했다. 꽁꽁 닫힌 고치 속 애벌레로 침전하고 있었다. 결국 몸의 장기 중 심리적 영향에 취약한 위장이 제일 먼저 신호를 보내왔다. '역류성 식도염' 달라지려야 달라질 수 없는 상황에 약도 주사도 도움 되지 못했다.

연간 여덟 번 제사가 있다. 형제들이 나누어 가고 남은 과일이 냉장고 서랍을 채우고 있었지만 뭘 삼키기도 쉽지 않은 상황에 과일이라고 예외는 아니었다. 사과의 아삭한 식감과 향기로운 맛을 생각하며 믹서에 갈아보았다. 억지로 먹고 나면 빈속에 위까지 내려간 사과산이 식도는 물론 후두를 자극하며 공격을 멈추지 않았다. 목소리가 바뀌기도 가래가 그렁대기도 했다. 그 좋아하던 사과는 언감생심 그림의 떡이었다.

커다란 배는 껍질을 벗기고 후추와 생강, 계피로 향을 내고 배숙을 만들어 이웃에 나누기도 했다. 어느 날 빛깔 고운 사과를 앞에 놓고 궁리하다가 김치를 만들어 보았다. 껍질째 깍둑썬 사과에 순한 김치 양념을 버무려 김치인 듯 사과인 듯 상위에 올렸다. 며느리는 아삭한 식감이 일품이라며 엄지를 치켜세웠다. 어쩌면 나는 사과도 아니고 김치도 아닌 그것을 통해서라도 지난 시간에 기댄 마음을 일상으로 일으켜 세우려 했는지도 모른다.

 오늘 식당에서 만난 사과김치는 반갑기도 하고 그때 아린 기억이 송두리째 소환되어 명치 끝에서부터 묵직한 아픔이 되살아나기도 했다. 살다 보면 원하지 않아도 곡진한 시간을 견뎌야 할 때가 있다. 그러나 그 마디를 넘기에는 만만찮은 노력과 고통이 따르기도 한다. 가족이나 친지들에게 또 다른 걱정을 안겨주지 않으려면 안간힘을 다할 수밖에 없다. 괜찮다, 괜찮아야 한다고 했지만, 실상은 괜찮지 않았다. 괜찮을 수가 없었다.

 무력해진 소화기관이 위산 역류를 통해 건강의 적신호를 알려주려 했음일까. 예외 없이 새벽잠을 깨웠다. 그래도 짐짓 모른 채 오래 미련을 떨었다. 수면제가 없으면 잠들지 못하는 상황이 길어지면서 간 수치가 널뛰듯 치솟기도 했다.

 먹는 것도 쉬는 것도 내 뜻대로 되지 않는 4년여의 시간을 견뎌내고 나서야 조금씩 평정심에 다가설 수 있었다. 그러나 상처는 그리 쉽게 아물지 못하고 오늘처럼 수시로 불쑥불쑥 되살아나고 만다.

 느닷없이 맞닥뜨린 김치보시기 앞에서도 누가 부르기라

도 하는 듯 일어선다. 내 힘으로 제어할 수 없다는 것을 알면서도 단념도 타협도 되지 않는다. 머리는 늘 체념을 종용하고 가슴은 자꾸 뒤를 돌아보라고 손짓한다. 본래 내 것인 줄 알았지만 내 것 아닌 머리와 가슴은 주인이 따로 있었다.

  오랜 시간 타인의 어려움에 공감하며 상담이란 명제를 앞세워 방문객의 어려움을 다독이고 위로했었다. 알고 있음과 체득하는 것에 현저한 차이가 있음을 새삼 실감한다. 그렇다면 갖가지 상담으로 임했던 그 시간이 정녕 허구이거나 일종의 자기기만에 불과했던 것일까? 나름 내담자의 엉킨 실타래 같은 문제 해결에 마음을 다했는데, 정작 내 문제에서는 답을 뻔히 알고 있으면서도 오래 휘청이고 있다. 아무리 널리 생각해 봐도 이는 분명 모순이다.
  머리가 가슴을, 이성이 감성을 제어하지 못하는, 내 것이면서도 내 것 아닌 머리와 가슴으로 무슨 남의 어려움에 개입하여 도움을 주려 했던가. 부족한 자신의 실체를 외면하고 얄팍한 이론을 앞세워 허튼소리만 늘어놓지는 않았는지 자꾸 뒤를 돌아보게 된다.

어느 날, 저를 놓지 못해 허둥대고 있는 어미를 바라보는 아들의 마음도 편하지 않을 거라는 생각이 문득 들었다. 조금씩 몸과 마음을 돌봐야겠다는 생각을 해본다. 그러나 모퉁이를 돌 때나 작은 요철을 만나기라도 하면 왈칵 다가서는 상흔을 잠재우지 못해 오늘처럼 사과김치 한 보시기에서도 다시 애틋한 기억을 떠올리며 이리 속수무책 헤매게 된다.

'티벳 사자의 서' 두꺼운 책장을 한 장 한 장 넘기며 생사$_{生死}$의 본질에 다가서려 한다. 어쩌면 아들은 새로운 몸을 받아 환생했을지도 모른다…. 그리 믿고 싶은 것이다.

쉽지 않겠지만 이제 안락한 다음 생을 기원하는 마음으로 아들을 떠나보내야 한다.

누가 곁에서 그래야 한다고, 그리하는 게 맞는 거라고 말해주면 좋겠다.

내 기억도 못 믿어

 퇴근하고 집에 왔다. 가볍게 세수하고 나와보니. 충전기 코드는 바닥에 널브러져 있는데 핸드폰은? 살펴봐도 없다. 핸드백을 뒤져봐도 없다. 퇴근할 때 분명 책상 위에 있었으니 챙겨 넣었을 것이다. 그런데 없다. 서둘러 차 키를 들고 지하 차고로 내려갔다. 퇴근길 아무 곳도 들리지 않았으니 핸드백이나 문갑 위가 아니라면 차에 있어야 한다. 자동차 앞뒤 시트 밑까지 살펴보아도 핸드폰이 없다. 이제 무얼 어찌해야 하나? 놀라서 머릿속이 텅 빈 상태가 된다.

 이 상황을 어디 알리기라도 해야 할 텐데 아무 생각이 나지 않는다. 거실을 서성이며 잠시 생각을 정리해 봐도 뾰쪽한 대안이 없다. 이후 일정은? 저녁을 챙겨 먹는 일 말고는 없다. 다행이다. 그러나 통화가 안 되면 인근에 있는 딸이 전화했다가 놀랄지도 모른다. 우선 전화기를 잃어버렸다고 알리기라도 해야 한다. 집에 다른 전화는 물론 아는 번호도 없다. 연락할 곳도 연락할 취할 방법도 없는 것이다.

아이들이 집 전화를 그냥 두자고 했을 때 여러 가지 이유를 대면서 굳이 철거하지는 말 걸 그랬다. 몇 년 전, 갑작스러운 뇌출혈로 어둑새벽 병원으로 실려 간 적이 있다. 외국에 있는 아이들은 물론 인근에 있는 딸네도 수시로 핸드폰으로 안부를 물어온다. 그러나 신호가 몇 번 오다가 지체되면 집 전화가 득달같이 울리곤 했다.

외국에 있는 아이들은 주로 동영상 전화를 한다. 누웠다 받을 때도 있고 막 샤워를 마치고 나올 때도 있다. 머리매무새라도 가다듬고 전화를 받을라치면 신호가 몇 번 울리는 그 순간에도 수만 가지 생각을 하게 되니 머리 안 다듬어도 된다고, 전화를 바로 받아달라고도 했다. 그렇지만 이제 건강을 회복한 지도 한참 되었고 하루 종일 빈집을 지키는 전화가 필요치 않다고 생각되어 국선전화기를 철거해 버렸다.

기억을 더듬어봐도 생각나는 연락처가 없다. 사무실 번호는 알고 있지만 모두 퇴근한 상태다. 이것저것 궁리를 하다가 메모지에 몇 개 짐작되는 숫자들을 나열하고 그 메모지를 들고 아파트 경비실로 갔다. 민망했지만, 자초지종을 설명하고 전화를 좀 빌리자고 했다. 두어 번 잘못 걸린 전화를 지나 딸의 목소리가 수화기 너머에서 들려왔다. 반가웠다. 통화가 안 돼도 놀라지 말라는 말로 마무리를 하고 집으로 왔다.

핸드폰에 일정들이 빼꼭히 기록되어 있다. 당장 내일 모임이 있는데 장소가 아리송하다. 11시 간담회를 겸한 오찬이 있다고 했다. 남구의 어느 한정식집이라 한 것 같은데 식당 이름이나 위치가 모호하다. 저장된 문자가 있으니 굳이 상세히 기억할 필요가 없었다.

모레는 서울 출장이다. 예매한 ktx 열차표가 전화기에 들어있다. 참 난감한 상황이다. 핸드폰에 사진을 포함한 개인정보가 다 들어 있다. '다행히 안전장치가 되어있으니. 혹시 분실일지라도 별문제 없을 거야.' 혼자 중얼거려 봐도 불안한 마음은 가시지 않고, 불려 놓은 쌀이 밥솥 앞에 덩그러니 놓여 있지만 밥 생각도 없다.

얼마 전에 가까운 지인이 자기 집 안방 화장실에 갇혀서 한참을 추위와 두려움에 떨었다는 이야기를 해줬다. 같이

밥 먹기로 약속한 아이들이 엄마가 전화를 받지 않자 놀라서 집으로 달려왔고, 덕분에 가까스로 위기를 모면했다고 했다. 늦가을 벌거벗은 채로 화장실에 갇혀있던 한나절은 참기 힘든 공포였다며, 자기 집 화장실이라도 옷이나 핸드폰은 꼭 들고 들어가야 한다고 신신당부하던 생각이 났다.

그녀처럼 잠금장치가 고장 난 화장실에 갇히지는 않았다. 그러나 낡은 기억장치가 풀려버린 나는 딸아이 전화번호 하나를 기억하지 못해 무려 네다섯 번의 엉뚱한 번호를 눌러야 했다. 나이 지긋한 경비아저씨는 허허 웃으셨지만 나는 참 한심한 사람이 되고 말았다.

한때는 사내 200여 명 직원들 전화번호쯤은 암기하고도 남았다. 금강경 32분을 거의 외우다시피 했는데 아무리 단축키를 사용하고 이름의 자음만 눌러도 상대를 불러오는 편리한 시대를 살고 있다지만 이리 달라질 수가 있다는 사실이 놀라웠다.

편리를 앞세운 전자기기에 의존하느라고 뇌세포가 이젠 소용 가치가 없어 그만 쉬어야겠다는 신호를 보냈을 텐데 나는 방관만 하고 있었던가 보다. 어느 집 화장실 잠금장치처럼 내 기억이 예고 없이 잠겨버리면? 어느 때 전자기기들이 반란이라도 일으키면, 불안한 공상이 끝없이 이어진다.

삐삐 삑~! 현관 비밀번호 누르는 소리다. 돌아보니 딸이 들어선다. 순간 반가웠다. 그리고 민망하기도 했다. 딸의 얼굴에는 자식들 연락처를 왜 모르실까? 아니 적어 놓지도 않으셨나, 잠시 근심스러운 빛이 스치는 듯했다.

딸은 배터리가 방전되기 전 연락을 취해야 한다며 연신 번호를 눌러댔다. 그러나 묵묵부답이다. 행여라도 사무실에 두고 왔다면 내일 찾을 수 있겠지만 분실이라면, 이를 어쩌랴, 두 번이나 둘러보고 온 지하 차고로 다시 가보기로 했다.

차 문을 열고 살펴봐도 역시 없다. 딸이 또 내 핸드폰에 신호를 보내본다. 경비실에서 신호를 보내봤다는 말을 속으로 삼켰다. 어디선가 익숙한 멜로디 '사랑은 늘 도망가'가 가늘게 울린다. 반가운 마음에 소리의 진원지 의자 밑을 살펴본다. 아니다. 의자와 의자 사이 안전띠 아래다. 신호를 보내보지 않았다면 절대로 찾을 수 없었을 좁은 틈새에 전화기는 세로로 얌전히 서 있었다.

전화기를 찾은 안도감도 잠시 퇴근하자마자 달려왔을 딸

아이에게 미안했다. 나이 들면서 자주 주변을 걱정하게 하는 상황으로 내몰리게 되니 부담도 되고 내심 위축되기도 한다. 두어 번 화급한 병변으로 아이들을 놀라게 했다. 뿐만 아니라 아무 말 않고 있어도 남편을 먼저 보낸 어미가 행여 잘못되지나 않을까 전전긍긍하는 모습들이 읽혀, 나는 오히려 강한 척 담담한 척 허세를 떨게 된다. 그러다 오늘처럼 그 실체가 완전히 드러나게 되면 민망해서 헛웃음을 짓곤 한다.

저녁을 먹으러 나가자는 딸아이를 돌려보내고, 전화기를 열어 급할 때 도움을 청할 연락처 몇 개를 골라 수첩에 옮겨 적는다.

세상 믿을 게 없다지만 내 것이라 믿었던 내 머릿속 기억도 나를 배신하는데 하물며 핸드폰이 신의를 지켜 언제까지나 내 손바닥을 벗어나지 않을 거라고 장담할 수 있겠는가. 만약을 생각해서 나는 오늘 흩어지지 않을 안전장치 몇 개를 꾹꾹 눌러 여민다.

조부님 기일에

 때 이른 여름 더위다. 전을 부치는 며느리 이마에 땀이 촉촉이 배어난다. 동글 납작하게 구워낸 전이 채반에 가지런하다. 나물과 탕도 완성되었다. 이제 생선을 구워내고 과일과 건어물 등 손 많이 가지 않는 음식들만 준비하면 된다. 완성된 제물들을 한편으로 챙겨놓고, 커피 향 은은한 차상 앞에 며느리와 마주 앉았다.

 멀리 외국에 살고 있는 둘째 아들은 제 증조부 기일에 맞춰 오기가 어렵고 그 아래로 출가한 딸이 근동에 있지만 내외가 퇴근하고 오려면 저녁이나 돼야 할 것이다. 기관의 수장을 맡고 큰아들도 마음과 달리 일찍 오기는 어려울 것이다.

 얼마 전만 해도 기일이면 7남매나 되는 형제들과 조카들까지 족히 20여 명 넘은 가족들이 모여 집이 꽉 찼었는데, 이젠 각처에 흩어져 있는 형제들과 조카들의 참여가 점점 뜸해지고 있다.

  이번 할아버지 제사도 조카들은 멀리 있기도 하고 나름의 사정이 있을 거라 짐작된다. 나이 지긋한 형제들도 이제 활동이 예전 같지 않은가 보다. 물리적 상황이야 어쩌겠는가. 그러나 며느리와 둘뿐인 집이 새삼 휑하게 느껴지는 건 어쩔 수 없다. 허한 마음을 지그시 누르며 며느리에게 힘들지? 물었다. 과하게 손사래를 치며 즐겁다고 한다. 내 안에 쟁여두었던 오래전 기일이 생각난다.

  이제는 다시 뵐 수도 없는 아버님 어머님. 무한 사랑을 주신 분들이 빛바랜 사진첩 앞에 선 듯 아련해진다. 어머님은 낯선 시골 부엌에서 쩔쩔매고 있는, 덩치도 작고 나이도 어린 큰며느리를 바라보며 얼마나 애가 타셨을까.

  그날도 조부님 기일이었다. 남편의 직장 앞에서 한참을 기다려 급한 업무처리를 끝낸 남편과 밀양으로 이어진 꼬불꼬불 고갯길을 두어 시간 달려 시댁에 갔다. 큰며느리가 제사 입제일 해가 기우는 시간에 도착했으니, 나무라지 않으셔도 나는 죄송한 마음에 조바심이 났다.

　차에서 준비 해온 제물들을 내리고 들고 온 핸드백을 마루 끝에 밀쳐놓으며 몸보다 먼저 마음이 부엌을 향했다. 어머님은 허둥대는 나를 향해 '큰 애야, 여기 마루에 좀 앉거라.'하셨다. 마루로 올라가 앉았더니 '작년 가을 시집온 손아래 동서에게 '제물 준비한 것 네 형님께 가져다 보이거라.'하신다. 예년에 없던 일이다. 영문을 몰라 어리둥절했지만 나는 잠자코 기다렸다. 광으로 간 동서가 갖가지 전과 식혜가 올려진 작은 상을 받쳐 들고 왔고, 어머님은 '네 동서가 수고했다. 전이 제대로 되었는지 모르겠다.'하시며 나를 지긋이 바라보셨다.

　솥뚜껑을 뒤집어 놓고 장작을 지펴 전을 구웠을 동서를 생각하며 '수고 했제? 간도 딱 맞네.'라고 응수했던 것 같다. 진심이었다. 전이 좀 두껍다는 생각이 들었지만 간은 적당하다 싶었다.

　마을의 뉘 집에 제사가 있을 때면 으레 음복 음식이 올 것이니 이웃들은 미리부터 모여 기다리곤 했다. 방으로 제관들의 밥상을 들이기 바쁘게 노환으로 거동 불편한 어르신이 있는 두어 집과 동네 사랑방 격인 어머님 지인분들이 모인 집에 밥, 나물, 탕과 전, 과일까지 담은 큰 양은 대야를 여다 날랐다. 가장 많은 양의 음식이 담긴 함지박은 시동생이 지게에 지고 친구들이 기다리는 집으로 걸음을 재촉했다.

이렇다 보니 준비해야 할 제물들이 도시에서 자란 내 가늠으로는 꽤 많은 양이었다. 널찍한 채반 서너 개를 다 채우려면 불 앞에서 몇 시간이고 뒤집기를 해야 했으니, 갓 시집온 동서가 구운 전이 보기 좋게 얄팍하기는 어려웠을 것이다. 큰일이 아직 서툰 새댁이 많은 양의 전을 부치면서 일찍 오지 않는 나를 얼마나 원망했을까. 그런데도 제물을 무리 없이 준비한 동서가 든든한 우군처럼 느껴져 고맙기도 했었다.

세월의 더께가 여기저기 내려앉은 몸이 예전 같지 않다 싶더니 눈이 먼저 신호를 보내왔다. 잔글씨를 읽기가 어려워져 얼마 전에 안경을 새로 맞추어 왔다. 그러나 마음의 눈은 안경을 바꾸라고 칭얼대지도 않고 여러 가지 상황에 새로운 색을 입히기도 하고, 같은 사안을 다르게 바라보게도 하니 점차 마음의 눈이 깊어지고 밝아지려는가 보다.

시집온 지 얼마 안 된 동서가 전을 제대로 부칠 줄 알았겠는가. 예전에 내가 그랬듯 어머님 뒤를 졸졸 따라다니며 보조를 했을 것이다. 결국 어머님은 당신께서 장만하신 제물을 굳이 네 형님께 보이라고 하신 것이다. 형제들의 돈독한 우애와 아랫 동서와 또래인 맏며느리의 입지를 염두에 두신 속 깊은 배려가 아니었을까. 그 마음을 한참이 지난 후에야 어렴풋이 짐작할 수 있었으니, 마음의 눈이 조금씩 열리기 시작한 것도 어쩌면 그때부터였을 것이다.

상 앞에 서서 대답을 기다리던 동서에게 행여 전이 너무 두껍다거나 조금 더 구워졌으면 좋았겠다고 했으면 어쩔뻔 했는가. 나이 어린 며느리를 바라보는 어머님의 마음은 또 얼마나 조마조마하셨을까. 지금 생각해도 얼굴 붉어질 답을 하지 않았던 것이 참으로 다행이다 싶다.

30여 년 전 어머님이 물려주신 제사를 세월이 흘러 아들이 모시겠다고 했다. 그러나 형제들이 모이기에는 내 집이 더 편할 것 같아 미루기만 했다.

못 오는 사정들을 이해한다 해 놓고도 허한 마음은 어쩔 수 없으니, 내 마음이라고 내 뜻대로 되는 것이 아닌가 보다.

 텅 빈 거실에 오롯이 마주 앉은 며느리는 고적해 보이는 시어미를 위로 하고 싶었을까. "어머니 우리 오늘 점심은 맛있는 배달 음식 시켜 먹어요." 애써 밝은 목소리다.

 어제부터 시장 봐오고 온종일 준비한 음식들이 그득한 제삿날에 배달 음식이라니, 어머님 살아계셨더라면 야단치실 일이다. 그러나 나도 매콤한 음식이 당기니 며느리와 의기투합, 흔쾌히 그러자고 했다.

 며느리의 기억 속에 먼 훗날 떠올려질 오늘의 의미는 어떤 모양이 될까. 힘들다는 말을 속으로 삼키며 어미를 위로하려 했던 시간은 어떤 색채로 남겨질까? 한 나무에서 가지를 뻗었지만 이젠 뿔뿔이 흩어져 살아야 하는 가족들. 그 소중한 인연들이 제사 때만이라도 함께 모일 수 있기를 바라며 어머님 무한한 사랑 가슴에 새긴다.

 딩동~~!! 매콤한 배달 음식이 도착했다.

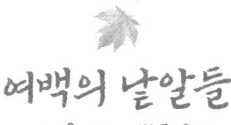

여백의 낱알들
− 가을이 까치발로 오다

5부

- 발
- 자립의지에 응원을
- 떨켜
- 그 여자의 오늘
- 리허설이 있었다면
- 따라가기도 바쁜
- 포장마차 앞에서
- 어눌한 계산법

발

 여름 신발을 사려고 매장에 들렀다. 내 키를 감안해서 적당한 높이의 굽이 있었으면 싶었고, 공식 모임이 잦으니 짙은 색이었으면 했다.

 가격이 예상외로 높았지만 이것저것 둘러보다가 마음에 드는 샌들 하나를 골랐다. 그런데 내 발 크기에 맞는 검은색이 없다고 한다. 주문이 가능하다지만, 일주일을 기다려야 하고 만약 주문한 구두가 예상과 달리 마음에 안 들 경우를 생각하니 결정이 망설여졌다.

 고객의 마음을 읽은 종업원은 바로 구매가 가능한 신발을 몇 켤레 들고 와 권유했고 나도 미련이 남아 이것저것 신어보았다. 키가 작으니 발이 작은건 당연한 거라 생각하며 살았다. 그런데 넓은 매장 화려한 조명 아래 드러난 나의 발은 참으로 작아서 안쓰럽기까지 했다. 언제부터인가 왼쪽 엄지발가락이 신발에 부딪쳐 아파도 별일 아닐거라 생각하고 관심조차 주지 않았다. 늘 그래 왔듯 방치하고 있었던 것이다. 진단을 받아보진 않았지만 무지외반증이 아닌가 싶다.

  이 작은 발이 긴 시간을 걸어 예까지 왔다고 생각하니 순간 가여운 마음이 들었다. 뜨거운 아스팔트 위를 맹속력 달리기도 했고, 먼지 날리는 흙길이나 가파른 언덕을 숨차게 오르기도 했었다. 값나가는 고급 신발 한번을 신겨준 적 없었지만 발은 불평하거나 거부하는 일 없이 밤낮을 가리지 않고 몸뚱이를 떠받들고 종종걸음으로 곳곳을 다녔던 거다.

  집의 신발장에는 그럴싸한 모양만 보고 덜컥 사들여 놓고도 정작 불편해서 못 신는 신발이 몇 켤레 있다. 어느 때는 물집 잡힌 뒤꿈치에 밴드를 붙이면서까지 발이 신발에 길들여지길 강요했었다.

  오래전 보았던 어느 고문실, 사람의 몸 하나가 겨우 들어갈 시멘트벽 속에 독립운동했다는 죄목으로 수형자를 가두어 놓았던 곳이 있었다. 길들여지기를 강요받은 발에게는, 앉지도 구부리지도 못하게 세워두었다던 그 고문실과 별반 다르지 않은 상황이었을 것이다. 입이 없어 불만을 속으로 삭이며 물집으로나마 구조신호를 보내었건만 무심한 나는 연고 한번을 발라주지 않았다.

 발은 어머니 뱃속을 나와 두 다리를 버둥대며 일어서는 연습을 하고 수천 번 넘어짐을 반복하고서야 걸음을 익혀 오늘에 이르렀을 것이다. 그리고 가장 낮은 곳에서 균형을 잡고 몸을 지탱해 온 것이다. 때로는 호된 추위에 꽁꽁 얼어붙은 빙판을 지나기도 하고 비 온 뒤 미끄러운 진창을 건너기도 했다. 그럼에도, 군소리 한마디 없이 나를 떠 받들고 오늘 여기까지 와 주었다.
 방금 전 내가 신고 왔던 신발의 베이지색 안창에는 거뭇한 발바닥 문양이 얼룩처럼 번져있다. 발바닥에 땀이 나도록 뛰어다녔던 흔적이다. 진땀을 쏟아내며 힘들다는 구조신호를 보냈건만 귀 기울이지 않고 방관만 했던 나를 원망했을지도 모른다.
 나에게는 아직 얼마가 될지도 모를 긴 길이 남아있을텐

데…. 비싼 명품 신발은 아닐지라도 폭신하고 부드러운 소재의 편한 신발을 선택해야 할 듯하다. 높이나 모양 등 외양에 치우쳐 고를 일이 아니다. 발이 힘들어하지 않을 적당한 높이와 나의 몸무게를 지탱할 하중을 먼저 생각하자.

갈 곳 안 갈 곳 구분도 없이 허청허청 쏘다니던 지난 시간과 달리 미끄러지지 않을 평탄한 길을 택해 조심조심 에둘러 걷도록 노력도 할 것이다. 특히, 오르막보다 힘들다는 경사진 내리막길에서는 더 신중하고 낮은 자세로 기름 위를 걷듯 조심조심 걸을 것이다.

발가락 10개 중 하필이면 휘어진 엄지의 발톱이 평생 깨어진 채로 자라고 있다. 오래전, 막 걸음마를 뗀 서너 살 때 아장아장 서투른 걸음으로 내리막을 걷다가 돌부리에 걸려 넘어지면서 발톱이 뿌리째 상처를 입었다. 사소한 부주의로 인한 흔적이 오랫동안 남은 것이다. 발톱을 뿌리째 덜어내는 수술을 하면 새 발톱이 예쁘게 나온다던 의사의 말이 오늘따라 선명하게 떠오른다.

여름에는 샌들 밖으로 삐죽 나온 깨어진 발톱에 매니큐어를 발라 가리기도 했다. 그러나 요즘 들어 윤기를 잃고 푸석해지니, 발톱의 건강을 해칠까 하여 그마저도 못하고 있다. 고우면 고운대로 미우면 미운 대로 받아 들이기로 했다.

 기억에서 잊혀져가는 어느 날 잠깐의 방심이 가져다준 상처가 한 평생 흔적으로 남아 마음 쓰이게 한다. 그런데 예까지 오는 동안 나 자신은 물론 주변 사람들과의 관계에서도 눈에 보이지 않는 크고 작은 부대낌과 상처가 차마 없었을까.

 지나온 길에서의 실수도 허투루 넘길 수 없겠지만 앞으로 남은 길에는 또 어떤 요철들이 기다리고 있을지 모른다. 이미 생긴 상처는 딱지가 앉고 새살이 차오르도록 세심하게 보살필 일이다. 그리고 투정이 깊어 한쪽으로 휜 발가락이 행여 만성으로 자리 잡지 않도록 치료에도 관심을 가질 것이다.

 그간 외면했던 발의 수고에 다독다독 위로와 격려를 보낸다.

자립 의지에 응원을

 한 해의 갈무리와 함께 내년도 업무를 준비해야 하는 시점이다. 차기 연도 노인일자리사업 신규 참여자 접수가 시작되었다. 추운 날씨도 아랑곳없이 접수처는 활동에 참여하고 싶다는 건강한 욕구로 북적인다.

 왜소하고 깡마른 그러나 좌중을 압도하고도 남을 눈빛의 90대 노인이 접수를 마치고 일어선다. 긴장하신 탓일까 아니면 아직 건재하심을 내보이고 싶었을까. 꼿꼿이 힘주어 걸어 나가는 노인의 뒷모습에서 고령임에도 불구하고 손 접고 앉아 부양을 기다리지는 않겠다는 결연한 의지가 느껴진다. 활동이 가능한 시점까지 용돈이나 생계비를 직접 마련하겠다는 뜻일게다.

 일반적 견해로 본다면 노인이 90대이니 어림잡아도 아

들이 70대일 것이다. 어쩌면 노인의 생계비나 용돈이 아들이 아니라 손자가 건넨 금액의 일부이거나 아니면 손자며느리의 통장에서 나올지도 모른다. 노인이 길어질 여생을 위해 넉넉한 노후대책을 준비해 두지 않았다면 말이다.

노인의 활동 욕구가 비단 경제적 문제해결만이 아닐지도 모른다. 도시 난민으로 떠밀려 더는 고립되지 않겠다는 욕구가 더해져 일자리 신청을 했을 수도 있다.

노인의 일자리 신청서를 복지부 사이트에 입력하면서 우리는 또 다른 고민에 직면하게 된다. 일자리 참여의 선정이나 탈락 여부는 중앙전산망을 통해 결정되어 내려오겠지만, 만약 노인이 일자리사업 참여에 선정된다 해도 안전사고에 대한 기관의 부담을 두고 마음이 가볍지 않다. 그러나 노인의 남은 삶의 질을 생각할 때 선정되시길 바라는 마음이다. 비록 일 년 내내 노심초사 노인의 안전을 걱정하는 일이 있더라도, 노화로 인해 활동의 효율성이 다소 떨어질지라도, 우리는 사람이라고 표기한 글자(人)의 의미처럼 어깨 기대며 서로에게 힘이 되어야 하기 때문이다.

과학 문명의 발달이 눈부시게 빨라지고 있다. 어쩌면 기계문명에 우리 인간의 영역을 너무 많이 내줘야 할지도 모른다는 걱정이 된다. 다양한 기능들이 탑재된 무인항공기의 활용에 세인의 관심이 집중된다. 위험 시설의 경비나 도주범 추적은 물론 농약을 살포하고 국경지대 순찰과 전쟁에까지 참여하기에 이르렀다. 제어할 수 없는 속도의 발전을 반기는 분위기다.

일부 편의점 등에는 인건비를 줄이겠다고 무인 판매점으로 변경을 서두르고 있다. 모니터를 통해 경비실에 앉아서 경비구역의 안전 확인이 가능한지가 이미 오래다. 은행 창구를 찾지 않아도 송금이나 거래 명세가 확인된다. 지갑을 열어 지폐를 꺼내지 않아도 핸드폰 터치만으로 결재가 된다. 운전자가 없는 자동차가 등장하고 핸드폰 애플리케이션 설치로 밖에서도 보일러를 켜거나 전원의 스위치를 조작할 수도 있다. 문갑 위 주먹만 한 인공 지능 스피커가 기상 상태는 물론 듣고 싶은 음악을 들려주거나 외국어로 대화도 가능한 시대로 들어섰다. 그러나 급변하는 과학 문명의 발달 앞에 때론 두려운 마음이 일기도 한다.

몇 해 전, 중장년 노인들의 경제활동 지원으로 '아파트 택배사업단'을 개설해 드렸다. 당시만 해도 대단지 아파트 위주로 사업장을 확대하여 어르신들의 일자리를 늘려갈 계획이었다. 그러나 무인 택배 시스템 확산과 최저임금 인상으로 택배 사업장 어르신들의 일자리 확대는 제자리를 맴돌고 있다.

노인일자리사업 전담 기관인 각 구군 '시니어클럽'에서는 정부 노인 일자리뿐 아니라 65세 이상 건강한 중장년층 대상의 무료 직업알선 등 민간 일자리 지원에도 힘쓰고 있다. 단순 일자리나 틈새 일거리가 대다수이지만 인건비나 고용유지율이 높아 비교적 선호하는 분야이기도 하다. 여러 경로를 통해 중장년층의 장점을 알리고 수요처에 맞는 교육을 지원하는 등, 동행 면접을 통한 일자리 확대를 지원하고 있다. 그러나 편의성과 효율성을 앞세운 기계문명 발달에 인간의 영역을 내주면서 일자리가 점점 축소 일로로 가고 있다. 이러한 추세라면 근로취약계층인 어르신들, 노동력이나 정보력에 취약한 분들이 설 자리를 잃게 되지나 않을까. 이제 일자리를 두고 사람이 아닌 기계와 경쟁해야 하는 시대에 들어선 것은 아닐까. 걱정이 앞서기도 한다.

올림픽 축제의 서막에서 화려하게 하늘을 수놓던 드론의 환상적인 불빛과 일자리를 신청하시던 고령 노인의 왜소한 뒷모습이 대비된다. 노인이 정부 기초생활수급자의 범주에 들기 위해 주변을 정리하지 않고도 사회적 자립을 도모할 수 있는 길이 열리길 바라본다. 사회 가장자리로 밀려나지 않겠다는 노인의 결기가 신 소외계층으로 더는 추락하지 않겠다는 건강한 의지로 느껴져 짠한 마음 한편 감사와 응원을 보내고 싶다.

떨켜

 성큼 서늘해진 바람이 옷깃을 여미게 한다. 가을이 깊어지나 보다. 공원 나뭇잎들이 바람을 타고 바닥으로 내려앉고 있다. 한 생 정들었던 가지를 놓고 팔랑팔랑 가볍게 작별을 고한다. 못내 아쉬운 몸짓 하나 없이 나선형 춤을 추며 하강하고 있다.

 요즘 들어 부쩍 수척해진 폐지 줍는 황 노인이 흩어진 낙엽을 밟으며 경사진 내리막을 들어서고 있다. 무료급식소에서 추어탕 한 그릇을 비운 뒤 허리춤에서 때 절은 손수건을 꺼내 잠시 땀을 닦고는 서둘러 수레를 밀며 폐지 수집소로 향하는 중이다.

 육군하사로 제대했다는 그는 급식소 이용 어르신들과 소소한 대화에서도 기어이 자신의 주장을 관철하려 들었다.

상대의 작은 실수도 그냥 넘기지 못하는 성정으로, 자주 마찰을 일으켜 담당 직원을 곤란한 상황으로 내몰곤 했다. 그러던 그가 지난번 병원 진료를 다녀와서는 그 쪽 같은 성정을 내려놓고 눈빛까지 온화해졌다. 아마도 이런저런 생각으로 부대끼는 마음을 속으로 누르며 남은 시간을 정리하는 중이 아닌가 싶다.

몸속 깊숙한 곳에 자리한 용종을 떼어내야 하는 큰 수술을 두고 여러 날 고심을 하는 듯하더니, 수술 포기를 결정했다 한다. 나는 조심스럽게 의술이 많이 좋아졌으니 수술하면 좋아지지 않을까를 넌지시 물었고, 그는 살 만치 살았고 갈 때가 되면 가는 게 자연현상이니 괘념하지 말라고 한다.

물려준 것도 없는 자식들에게 짐이 될 마음까지는 없다며, 견디는 데까지 견디다 조용히 가겠다는 뜻을 내비친다. 그게 자연의 순리요 순환의 이치라고 한다. 미약한 확률에 매달려서 연연하느라 제 사는 것도 힘든 자식들에게 짐 되고 싶지는 않다며 쓸쓸한 미소를 남긴 채 문을 밀고 나가는 그의 뒷모습에서 서늘한 결기가 느껴진다. 정부 기초생활급여를 받고 있으니 의료비 걱정은 크게 없을듯한데 요즘 들어 더 열심히 폐지를 모으는 것으로 보아 하루라도 허투루 보내지는 않겠다는 의지가 아닌가 싶다. 다행히 통증이 조절되고 있다고 하니 남은 날들이 순하게 갈무리되길 바라며 자주 근황을 살피게 된다.

가고 오는 것이야 우리의 의지 저 너머에서 관장할 일이라는 걸 익히 알면서도 생명 연장에 대한 미련을 쉬이 놓지 못하는 것 또한 사람의 마음일 것이다.

후대의 등짐이 될 미련을 스스로 내려놓겠다는 그의 결연한 의지에 나는 숙연한 마음이 되어 붉게 물든 단풍을 떠올린다. 차마 물어보지 못했지만 폐지 수거에 몰두하는 속내가 마지막 가는 길에 쓰일 노자도 손수 마련하겠다는 심산인 듯하다.

저 바닥에 내려앉은 나뭇잎들은, 겨우내 언 땅 밑에서 때를 기다려 세상에 나오고, 바람의 해찰을 견디며 가지를 키우고 빛을 받아 꽃과 열매를 도왔을 것이다. 그 열매에 단물 들기를 바라며 하늘의 부름에 답하듯 무심히 바닥으로 내려앉았을 것이다.

때가 되어도 잎이 가지를 부여잡고 승산 없는 미련에 연연하다가는 가지도 나무도 사나운 겨울 앞에 오롯이 낭패를 볼 수도 있다. 잎이 앙상한 가지에 매달려 말라가거나 가지가 냉해를 입어 이듬해 새 움은커녕 함께 고사하게 될지도 모른다. 그래서 나무는 하늘이 높아지는 기척에 잎이 바닥으로 내려앉을 수 있게 떨켜를 준비해 두는가 보다. 가지의 끝부분과 잎이 만나는 지점에 볼록한 떨켜를 만들어 스스로 수분을 차단하며 다음 세대의 밑거름이 되려 하는가 보다.

때가 되면 바닥으로 내려앉는 것이 잎의 숙명이듯 떠날 때가 되면 떠나야 하는 것이 생명 가진 종들의 자연질서일 것이다. 어쩌면 잎의 다양한 색채는 떠날 수밖에 없는 아쉬움을 표출하는 절절한 이별의 연서일지도 모른다.

나무처럼 지혜롭지도 못하고 미리부터 준비해 둔 떨켜도 없는 나는 어떤 빛깔로 남은 생을 갈무리하게 될까?

어느 날, 각자 부여받은 삶의 무게가 소진되어 하늘로 돌아갈지라도 후회로 얼룩진 지난날이 자꾸 돌아다 보여서는 안 될 일이다. 그러기 위해서는 떠나는 길이 아쉬움으로 채워지지 않도록 촌음을 아끼며 하루하루를 살아내야 할 것이다. 그리고 가지를 놓지 못해 함께 말라가는 피폐한 모습으로 남지는 않도록 세심한 준비도 필요할 것이다.

햇살을 등진 황 노인의 모습이 저만치 멀어지고 있다. 이미 그는 노년에 들었고 청하지도 않은 병마가 찾아왔다. 그에게 남은 길이 그리 길지는 않을듯하다. 몇 년이 될지 몇 달이 될지 알 수 없지만 종착역을 향해 가는 그의 길이 물 흐르듯 순조롭기를 바라며, 나무의 떨켜에서 잎의 한 생을, 그리고 우리의 내일을 읽는다.

그 여자의 오늘

혼자된 며느리가 시내에 나왔다며 전화했다. 행여 저녁을 먹으러 오려나 하고 서둘러 몇 가지 반찬을 준비한다. 손자들이 좋아할 해물파전도 해야겠다. 잠시 마음이 들떠 있었던 걸까. 프라이팬을 놓치고 말았다. 바닥으로 나가떨어진 프라이팬이 마룻바닥에 움푹한 흠집을 내고 말았다. 요즘 들어 하는 잦은 실수다. 우두커니 서서 황망하게 바라보다가 행여 팬이 못쓰게 되지는 않았는지 살핀다.

몇 년 전 투병 중이던 아들을 떠나보냈다. 가족들이 이식 적합 검사로 병원을 전전할 때만 해도 방법이 영 없지는 않을 것이라 믿었다. 그러나 두어 달 급속한 내리막길에 든 아들은 기어이 우리의 손을 놓고 말았다. 타국에 있는 아들이 제 사업체는 방치한 채 코로나 격리와 각종 검사로 달포

넘게 병원을 전전하기도 했다. 가족들의 각기 다른 검사 결과에 매번 지옥과 천국을 오르내렸지만 끝내 안타까운 이별이 되고 말았다.

비보를 받고 달려온 친지들은 당혹해했다.

말없이 가만히 가슴에 품어주던 오랜 도반의 붉어진 눈가에서는 진한 공감과 위로가 전해져왔다.

"당신은 강하니까 이겨낼 수 있을 거야."

한 옥타브 높은 지인의 위로엔 고개를 떨구고 말았다.

"무슨 수를 써서라도 잡아야지. 왜 보냈니?"

절규에 가까운 나무람으로 마음을 표하던 선배도 있었다.

무력한 어미인 나는 그냥 아팠다. 그리고 생각이 마구 흐트러지기 시작했다. '내가 강한 사람이었던가?' '잡을 수 있었는데 무지해서 놓친 것은 아닐까?' 번민과 자책으로 이어진 밤은 길기만 했다.

소리는 바람처럼 흩어지는 속성을 가지고 있다. 새소리 물소리처럼 스치고 지나가게 두면 될 것을 가슴에 담아두고 소가 여물을 되새김하듯 곱씹게 된다. 안타까운 마음에 건넨 위로의 말에 실없는 의미를 부여하고 자책하는 것이 이제 와 무슨 소용이 될까만, 목덜미 어디쯤 붙은 보리 가시랭이처럼 자주 거슬리고 따끔거리는 것은 순전히 순리를 거부하고 싶은 내 마음 때문일 것이다.

  진심으로 걱정하는 그들의 마음을 왜 모를까만 턱없이 서운하고 미안하고, 때로는 의지하고 싶은 형언키 어려운 감정들을 스스로 제어할 수가 없다. 나름 자신을 괜찮은 사람이라 자부하며 살았다. 그런데 뜻하지 않은 회오리에 이리 휘청이는 걸 보면, 나는 참 한심하고 못난 사람이었던가 보다.

  자식을 보낸 어미의 가슴엔 쉽게 뽑히지 않는 비수가 있다. 억지로 뽑으려 들면 예상 밖의 결과를 초래하게 될지도 모른다. 바람 부는 날이나 태양이 붉게 떠오른 날에도 나 여기 있다고, 존재를 숨기지도 않고 나대는 비수를 품고 있다. 그저 안으로 안으로 뽑지 못하는 비수를 다독여 보듬을 수밖에 달리 방법이 없다.

  혁지에 벼린 듯한 칼날도 세월의 더께에 무디어질 때가 있을 것이다. 지난 시간으로 돌아갈 수 없듯 이미 일어난 상황을 어쩌지는 못한다. 어쩌면 먼먼 세월 지난 어느 날,

각진 마디를 넘지 못해 오래 휘청이던 오늘을 후회하게 될지도 모른다.

저 프라이팬도 쇠를 제련하고 금형에 맞추어 형태를 잡았을 것이다. 달구어진 쇠붙이에 다치지 않도록 손잡이를 만들어 붙이고 오래 사용할 수 있게 틈을 메워 고정도 했을 것이다. 그런데 내 실수로 손잡이를 이어주는 이음새에 크고 작은 균열이 나 버렸다. 이음새의 균열이 더 깊어지면 필경 프라이팬은 어처구니없는 맷돌처럼 버려지게 될 것이다. 상처가 덧나지 않도록 조심해서 사용할 일이다.

상념에 휘둘려 허우적대느라 손아귀 힘 조절을 놓쳤고, 프라이팬은 바닥으로 나동그라졌다. 지금 와서 손끝에 힘을 싣지 못했다는 자책이 금 간 손잡이나 흠집 난 마룻바닥에 무슨 도움이 되랴. 알면서도 자책하는 이 심산은 무얼로 설명이 될까.

속내를 드러내지 못하는 성격 탓이기도 하고 남의 입에 오르내릴 것을 생각하니 속마음을 내놓는 것에는 늘 주저가 따른다. 평상심을 유지하려 애써 보지만 오늘처럼 무량없이 비라도 내리는 날에는 베인 상처에서 뚝뚝 붉은 물이 떨어지곤 한다. '오늘'이 어제를 지나서 도착한 날이다. 그런데 나는 왜 지나간 시간을 서성이며 휘청이는 몸짓을 멈출 수가 없는 걸까.

해무 가득한 바다가 거칠게 일어선다. 끝없이 밀려오는 파도를 잠재우려 안간힘을 보탠다. 괜찮다고, 괜찮아야 한다고 진언처럼 읊조린다. 내 목소리가 파도를 타고 우렁우렁 귓가를 맴돈다. 살다 보면 태산준령을 단숨에 넘으려 바람을 등지고 큰 보폭 달리기도 하고 뜻하지 않은 장벽을 만나 허공 중에 흩어질 소리에까지 위축되거나 자책하기도 하는 것, 이런 게 못난 사람의 실체일 것이다.

내일의 내일, 또 그 먼먼 내일을 예단하며 근심을 키우는 일도 내려놓자. 성년에 다가선 손주들이나 속으로 아픔을 삭이는 며느리를 걱정하는 나를 두고도 혹자는 어리석다 할 것이고 누구는 그럴 수도 있겠다 할 것이다.

그림자 동쪽으로 길어지고 있다. 나의 내일이 저만치 일어설 채비에 들었으니, 머지않아 저문 시간이 도래할 것이다. 지나간 시간은 그냥 순리에 맡기고 온갖 상념에 맞서 허둥대는 나를 다잡을 일이다. 오늘이 통째로 산화되지는 않도록 바투 마음을 챙길 일이다.

상처 입은 프라이팬이 뜨거운 불 위에서 제 몫을 다하려 애를 쓰고 있다. 노릇하게 익은 해물파전을 뒤집어 놓고, 어디서 애잔한 눈빛을 보내고 있을 아들의 시선에 답하듯 얼굴에 드리운 그늘을 애써 걷어내며 곧 도착할 며느리와 손자를 기다린다.

리허설이 있었다면

 무대에서는 20여 분 같은 동작이 반복되고 있다. 섬세하고 절제된 몸놀림에 참관하는 객석의 긴장감이 고조된다. 무희는 오디오 음향에 스며든 한 동작에 몰두해 있다. 클라이맥스 동작인가 싶다. 학춤 보존을 위한 전통무용이다. 무용수의 섬세한 발놀림과 우아한 날갯짓에는 학과의 물아일체가 느껴진다.

 인생이 한마당 연극무대였다면 행여 내게도 이리 리허설 순간이 주어졌을까…. 그랬다면 참척參慽의 고통 같은 건 피해 갈 수 있었을지도 모른다. 무대 위에는 북과 장구, 징과 꽹과리에 태평소, 여러 악기가 온 힘을 보태고 있다. 내 삶 어느 마디를 건널 때도 저리 간절한 마음을 내어준 인연들이 있었지. 그래서 오늘 여기에 이르렀을 것이다.

현란한 조명과 관객의 격한 호응이 아니어도 좋았다. 행여 박자를 놓치거나 중심 잃고 비틀대지는 않으려 했다. 빙판을 걷듯 조심했었던 것에는, 황량한 벌판에 혼자 덩그러니 남겨지지 않으려는 다짐이기도 했다. 어울렁더울렁 함께 걷는 길이 희망이요, 목표였기 때문이다. 그러나 내 바람과 달리 가까운 가족 친지들이 서둘러 먼 길을 떠났다. 오도카니 홀로 걷는 길이 더욱 막막하기만 하다.

 어느 날 가까운 지인이 의논할 게 있다더니, 어린 고양이 두 마리를 안고 찾아왔다. 외로움을 달래기에 반려묘만 한 게 없더라고 한다. 몇 해 전 남편을 여읜 그는 마음이 힘들 때 도움이 되었다며, 걱정하는 마음을 담아 반려묘 입양을 적극 권했다. 바투 다가앉는 그녀의 진심을 아는지라 거절도 쉽지 않았다. 그러나 나는 덜컥 겁이 났다.
 까만 눈동자가 빤히 쳐다보고 있다. 자신을 제발 받아 달라고 애원하는 것 같다. 몽실몽실한 어린 고양이가 귀엽기도 하고, 내심 거절을 결정한 나로서는 내쳐져야 하는 여린 생명에게 미안하기도 한 양가감정이 밀려왔다. 고양이 수명을 생각할 때 누가 먼저 떠나게 될지 알 수 없다. 보내야 하는 아픔도 남겨두고 떠나야 할 미련도 감당할 자신이 없다. 만남이 이별의 생성 원인일 것이다. 만남과 이별이 동전의 앞면과 뒷면처럼 붙어 있는 것이라면, 굳이 새로운 이별의 아픔을 잉태하고 싶지 않은 것이다.

속마음을 다잡는 내 의중이 고양이에게 전달되었길 바라며, 걱정 해주는 마음만 감사히 받기로 하고 반려묘 입양은 없던 걸로 했다. 물론 그녀의 마음을 헤아려 온종일 집을 비워야 하는 내 상황을 설명했고, 어린 고양이에게는 못 할 짓이라는 이유까지 장황하게 덧붙이며 거절했다. 그녀는 못내 아쉬운 표정을 남기고 돌아갔다.

거듭되어도 익숙해지지 않는 것이 이별이다. 이제 떠나보내고 남겨져야 하는 역할은 사양하고 싶다. 이미 맺은 인연이야 어찌할 수 없겠지만 곧 다가올 이별이 예견되는 만남에는 성큼 손을 내밀지 못하는 것이다. 이별의 형태만 다를 뿐 그 흔적은 옹이로 남는다. 조개의 생살에 자리한 옹이는 진주가 되기도 하지만, 사람의 마음에 생긴 상처는 밤잠을 앗아가고 의욕을 거둬들이며 또 다른 상흔이 된다.

머릿속에 맴도는 법구경 구절을 읊조리며 애써 마음을 달래려 한다. '생자필멸生者必滅이요, 회자정리會者定離라' 생과 사, 만남과 헤어짐에 대한 성인의 말씀 귓등으로 듣지는 않았건만 머리로 알아들은 뜻이 내 것으로 체득되지 않으니, 바람 앞에 선 듯 나부대는 마음이 늘 중심을 잃게 한다.

오는 것도 가는 것도 생명 가진 종의 피할 수 없는 숙명이다. 모든 현상이 고정됨 없는 변화의 실상이라. 그냥 두면 지나갈 것이니 일어난 현상에 멈추어 집착하는 마음을 내지 말라 하셨다. 만남도 이별도 변화하는 과정 속 어느 지점일 뿐이라던 말씀 마음에 담으며 자신을 다독여 본다.

만남으로 인해 이별이 생성되는 것이라면, 그 실체가 되는 만남을 조심할 일이다. 이것 있으면 저것 있게 마련이다. 만남이 생성되었으니 헤어짐은 당연한 귀결이다. 호들갑 떨 일 아니라시던 말씀을 애써 떠올려 보지만, 머리는 이해를 종용하고 가슴은 머리를 따라가느라 애가 마른다. 내려놓지 못하는 애착에 이리 허둥대는 모습에서 머리와 가슴의 거리가 까마득한 나의 실체를 본다.

스산한 마음에 무작정 걷다가 한적한 마을 어귀 어느 고택 앞에 닿았을 때다. 해를 등지고 앉은, 지붕 한쪽이 허물어진 빈집 한 채가 고적하게 침잠에 들어있었다. 어떤 사연

있길래 홀로 망연자실 고샅길을 내려다보고 앉았는지, 집의 사연이 궁금해졌다. 어쩌면 어둠이 오기 전 행여 찾아와 줄 누군가의 온기라도 기다리는 것일까.

  한동안 사람의 왕래가 없었던 듯 잡초가 우거져 있고, 낮은 담장 옆에는 붉은 꽃을 매단 배롱나무 한 그루가 서 있다. 수문장이라도 된 듯 집을 지키고 선 모양새였다. 가지를 다듬은 걸로 보아 어느 때는 사람의 온기와 웃음소리도 있었을 거라 짐작 되었다.

  빈집을 지키는 그 나무는 무슨 아픔이 있었기에 석 달 열흘 한자리를 지키며 마른 피를 토해내듯 붉은 꽃망울을 달고 서 있을까. 얼마나 오래 속 울음을 참았으면 마디마디 동그란 옹이가 남겨졌을까. 그는 어느 마음을 내어 뜨거운 볕 아래 무방비로 나앉아서도 무심한 듯 꽃을 피워낼 수 있었던 것일까?

  학과 몰아 일체가 된 무용수처럼 온 마음을 다해 매일을 살아 내었다. 그러나 나는 아직도 붉고 비릿한 꽃망울을 토악질로도 뱉어내지 못하고 있다.

  젖먹이 아들을 하늘로 보내고 꺼이꺼이 목 놓아 우시던 어머니를 떠올린다. 관절염을 앓던 옹이진 다리로 불에 덴

듯한 아픔을 속으로 삭이면서도 늘 의연함을 잃지 않으셨던 어머니. 그 어머니를 생각하며 제멋대로 나대는 마음을 다독일 것이다. 물살에 몸을 맡긴 조약돌처럼 태풍을 견디는 나무처럼 더 웅숭깊고 의연해지려 노력할 것이다.

  무대에서는 무용수의 동작이 멈췄고 나는 상념에서 깨어난다.

따라가기도 바쁜

지인들과 점심을 먹고 시내 외곽의 찻집으로 갔다.

커피를 받아 들고 설탕 시럽을 찾으니, 직원이 손을 들어 뒤쪽을 가리킨다. 돌아서 탁자 위 말갛고 투명한 액체가 담긴 병을 들어 확인하려는데, 앳된 청년이 다가오더니 '이건 손소독제입니다.' 한다.

아뿔싸! 하마터면 손소독제를 커피에 탈 뻔했다. 다시 살펴보니 그 옆 탁자에 설탕 시럽 병이 나란히 놓여있다. 그 청년에게 고맙기도 하고 민망하기도 한 어설픈 미소를 보내고 자리로 돌아왔지만, 오래전 어느 지인의 일화가 생각나 속으로 씁쓸했다.

외국 여행을 다녀온 손자가 건네준 치약이 닦을수록 거품이 일어나 입 밖으로 흘러넘치더라고 했다. 면세점에서

사 온 고급 제품이라 그런 줄 알고 여러 번 입을 헹궈 냈지만, 그 정도가 심하다 싶어 손자에게 물었더니, '치약이 아니라 얼굴 씻는 세안제'라 했다고. 그때만 해도 남의 일이라 우리는 한바탕 배를 잡고 웃고 말았다. 그런데 오늘 내가 손소독제를 탄 커피를 지인들께 대접할 뻔했다고 생각하니 아찔하다. 웃고만 넘길 일이 아니다. 늘어난 영문 설명서에 눈까지 침침하다. 자칫 실수할지도 몰라 자주 긴장하게 된다.

경험하지 못한 것에 대한 배려를 후세대에 요구하기에는 무리가 있을 것이다. 그러나 나이 들고 시력이 약한 어른들을 위한 이해가 절실하다는 생각이 드는 요즘이다. 익숙하지 않은 영문 표기에 빽빽하게 적힌 잔글씨, 연고나 세제, 화장품 등, 나뿐 아니라 사용법을 몰라 당혹한 노인 세대가 있을 것이다. 눈은 너무 세세한 것까지 봐서 시시콜콜 간섭하지 않을 만큼만 노화되면 좋으련만….

자세히 보고 익히고 판단해야 할 일들은 점점 늘어나고 사회는 너무 빨리 변하고 있다. 그렇다고 이제 와 새삼 무얼 배워서 사용하기는 말처럼 쉽지 않은 것이다.

퇴근길에 도로 한편을 점령하고 길게 줄을 지어선 차량

들을 보면서 뭔 일인가 싶었다. 알고 보니 햄버거 가게에 차를 탄 채 주문하고 결제와 상품을 받아 가는 드라이브스루였다. 익숙하지 않은 문화에 순발력 떨어지는 세대는 뒤처지기 마련이다. 상품을 선택하기도 전 뒤차의 독촉에 뒤통수가 스멀거린다. 아이스크림은 또 어떠한가. 웬 종류가 그리 많은지, 이름도 생소한 국적 불명의 상품 중에서 내 입맛에 맞는 것을 고르기도 어렵고, 무인 시스템으로 주문하고 가격을 지급해야 하는 키오스크 방식에, 대면이 익숙한 세대는 지레 위축이 되고 만다.

그렇다고 문화적 변화 추이를 먼 나라 불구경하듯 바라보고만 있을 수도 없고 참으로 난감한 처지에 내몰리지 않았는가. 노철학자 김형석 선생께서는 육십 대를 지나 칠십 대가 되면 사회적 책임과 가족부양이라는 짐을 내려놓고 오롯이 자신의 삶을 누릴 수 있는 인생의 황금기라 하셨다. 유유자적 자신의 삶을 반추하며 노년기를 보내야 할 시점임에도 불구하고 급변하는 디지털 시대를 살아내야 하는 현생 노인 세대는 쫓기듯 마음이 바빠진다.

나이 들었어도 건강이 허락되고 열정이 있다면 미리 손 접고 사회 외곽으로 또는 신 소외계층이나 잉여 자원으로 스스로 물러나지는 않아야 할 것이다. 자본주의 사회 통념상 경제활동 대열에 합류하지 못하는 세대인 것에도 너무 서러워할 필요는 없다. 내가 가진 지적 물적 자원으로 내가 속한 사회의 선한 활동을 이어갈 수 있다면 이는 의미 있는 노년이 될 것이기 때문이다. 특히 자신이나 이웃에 유익한 활동이라면 경제활동 못지않은 노년을 영위하게 될 것이다. 그러기 위해서는 변화하는 사회 속으로 성큼 들어서야 한다.

바이러스가 전 세계를 휩쓸면서 우리 삶의 방식도 달라졌다. 이제 우리의 생활방식이 온전히 예전으로 돌아가지는 않을 것이다. 이미 대면하지 않고도 살아가는 방법을 터득했고 그 편리성에 익숙한 신생 인류와 공존하며 살고 있다. 앉아서 버튼 하나로 배달 음식이 도착하고, 필요한 생필품은 물론 도서관까지 가는 번거로움 없이도 전자책이나 오디오 북을 만날 수 있는 시대에 와있다. 이제 예전의 대면 시대는 구전으로 전해지는 마을 설화쯤으로 남겨질 것이다.

이미 무인점포들이 속속 생겨나고 AI가 주문받고 요리하는 식당이 등장했다. 심지어 인간의 고유 영역이라 믿었던 감성과 공감에까지 그 영역이 확장되고 있다. 문학작품을 생산 해내고 채용 면접에 참여하는 등 전방위적 확대에 들었다.

사회 문화적 변화추이는 가파르게 증가한 홀몸노인 세대에도 편리와 소외를 한꺼번에 경험하게 한다. 단독 노인 세대는 필요 물품이나 은행 업무를 대신 봐줄 가족이 부재한 세대다. 행여 낯선 디지털 문명에 위축되어 격세지감에 내몰리지는 않게 우리 사회가 촘촘히 배려하고 챙겨야 할 것이다.

기대수명 백세시대라고들 하지만 농경시대와 달리, 뒷전으로 물러나 누군가의 도움을 기대하기는 어려운 시대에 와 있다. '내일 지구의 종말이 온다 해도 한 그루의 사과나무를 심겠다'라는 서양 속담의 의미를 새삼 되새겨 봐야 할 것 같다.

그러나 익숙하지 않은 환경에 너무 주눅 들지는 말자. 메마른 황무지를 손톱이 다 닳도록 헤집어 옥토를 만들어 후대에 넘겨준 세대다. 보릿고개를 힘들게 넘고 세계 경제 대국 반열에 들게 한 저력 있는 국가성장 발판의 주역들이다. 마음만 내면 못할 리 없을 것이다. 이제라도 변화하는 디지털 시대에 한발 다가설 일이다. 가파른 언덕을 숨차게 올랐으니 멀리 펼쳐진 아름다운 풍광도 함께 음미해야 하지 않겠는가. 앞서가지는 못할지라도 따라가기는 해야 할 것이다. 국가와 이웃에, 가까운 가족에게도 짐 되지 않는 자립을 위해 지금부터 차근차근 다가설 일이다.

포장마차 앞에서

 달력의 마지막 장이 아직은 제 역할이 남았다는 듯 덩그러니 벽면을 지키고 있다. 올해도 참으로 힘겨웠던 한 해였다. 사랑하는 가족을 떠나보내야 하는 질척한 수렁에 갇히기도 했고, 온 국민이 마스크 뒤에 숨어 지내야 했던 불안하고 우울한 날들이 이어지기도 했다.

 떠날 기미가 없는 바이러스와의 대치 상황이 길어지면서, 연중 치르던 갖가지 행사들과 송년회라 이름 한 연말 모임들이 생략되거나 취소되는 쓸쓸한 분위기가 연출되고 있다.

 예상치 못한 바이러스 출현이 전 세계를 공포속으로 내몰고 있는 가운데 태풍과 폭염이라는 기상이변까지 세상을 흔들어 놓았다. 놀란 가슴을 진정할 새도 없이 이번엔 폭설

소식이다. 멀지도 않는 동해안 위쪽 지방이다. 유래가 없는 폭설에 교통이 통제되었다는 아나운서의 격앙된 목소리가 전파를 타고 전해진다.

나는 저물녘 창가에 기대어 서서 한참을 저 아래 주차장을 내려다보고 있다. 그러나 마음은 이미 눈이 소복이 쌓인 차량 사이를 선명한 발자국을 남기며 걷고 있다. 바람이 거침없이 드나드는 시린 마음과는 달리 쌓인 눈은 어머니 손길로 여며주던 아가 이불처럼 포근포근해 보인다.

기억이 거슬러 올라 어느 해 연말 송년회가 생각난다.

웅장한 연회장, 건배사를 하고 술잔을 부딪고 감사한 마음을 나누는 자리였다, 그런데 나는 이방인인 양 그 분위기에 온전히 젖지 못했다. 운전을 핑계로 술잔을 들었다 놨다 하다가 슬며시 빠져나와 집으로 돌아오는 길이었다. 시장통을 지나는 골목 어귀에 촉수 낮은 백열등이 조는 듯 걸려 있고, 붉은 비닐 천막을 두른 포장마차 앞에는 저 아래 펼쳐진 하얀 눈가루 같은 김이 피어오르고 있었다.

늙수그레한 아주머니의 구부정한 등과 어묵 솥에서 피어오르는 김에서는 친숙한 느낌이 되살아났다. 그 순간 비에 젖어 바닥을 떠나지 못하는 낙엽 같은 추억 몇 조각이 불쑥 떠올랐고 울컥 외로움의 포로가 되고 말았다.

누구 불러낼 사람이 없을까? 곰곰이 생각해 보았다. 말없이 그냥 옆에 있어 주기만 해도 된다. 왜냐고 묻지 않아도 괜찮을 것 같다. 그러나 밤은 이미 이슥하고, 딱히 불러낼 사람도 없었다. 나는 속으로 고개를 저으며 더 깊은 외로움의 수렁으로 침전하고 말았다.

호텔 연회장의 화려한 분위기에서는 동화되지 못하고 겉돌기만 했었는데, 왜 해 질 녘 노을 같고 새벽 찬바람 같기도 한 기분이 허름한 포장마차 앞에서 느닷없이 차올랐던 것일까? 진한 아픔인 듯 외로움인 듯한, 내가 어찌지 못하는 그 감정은 어디에 웅크리고 있다가 때때로 내 의지와 상관없이 나를 잠식하고 마는 것일까?

희미해진 불빛을 뒤로하고 누굴 불러내고 싶어 미적거리는 마음을 채근하며 집으로 향했다. 마음이 순순히 따라오지 않으려 떼를 썼던 기억이 아직도 생생하다. 가끔 그런 밤이면 컴퓨터를 뒤적여 오래된 사진이나 메모해 둔 일상을 펼쳐 보기도 하고, 비스듬히 칼잠 자듯 빼꼭한 기억을 깨워 실없는 망상을 하며 날밤을 새우곤 했다

컴퓨터 앞에서 새벽을 맞노라면, 인간은 원래 외로운 존

재일지도 모른다는 생각이 불쑥불쑥 일어선다. 그럴 때면 툭툭 먼지를 털 듯 건조한 낱말 조각을 털어내기도 하고, 나만 이런 감정에 휘둘리는 것이 아닐 거라고 막연한 위로를 보태기도 한다.

내 마음이라고 말하지만 내 뜻대로만 되지 않는 것이 또 마음일 것이다, 마음이 일어나는 자리를 가만히 들여다본다. 연회장에서 분위기에 동화되려고 애를 썼던 그 마음이 내 것이었을까? 아니면 포장마차 앞에서 느닷없이 외로움에 휘청이던 모습이 나였던 것일까? 본성을 보려는 다짐에도 불구하고 자주 연무 속을 헤매는 자신을 만나게 된다.

구름이 비 되어 내리고, 비가 수증기로 하늘에 올라 다시 구름이 되기도, 비가 되기도 한다. 물도 구름도 형태만 달리했을 뿐 본성은 다르지 않다. 내가 비의 모습이거나 구름의 형상으로 떠다녔어도 모두 물이라는 실상은 변함없다. 그러다 어느날 형태를 달리하는 모습조차 훌훌 벗어 던지고 싶어질 때면, 이 또한 순리라 여기고 따르면 될 것이다. 실체를 바로 보아야 본질을 직시하는 힘이 생길 것이다.

가끔 비도 아니고 구름도 아닌, 잔잔한 물살로 햇살 아래 반짝이는 윤슬을 떠올려 본다. 그러다 서쪽 바다 곱게 얼비

치는 노을과 함께 바다로 가는 여정을 그려본다.

  밖에는 지금 눈 내리는 소리가 사락사락 들리는 듯하다. 어쩌면 오늘 밤은 포근한 이불을 여며주던 손길을 느끼며 단잠에 들 수 있을지도 모른다. 온통 하얀 눈 세상이 될지라도 마음이 방향도 모른채 눈밭으로 마구 내달리지는 않게 마음이 일어나는 자리를 조용히 바라보고 앉을 것이다.

어눌한 계산법

 정 선생의 눈이 내 의중을 읽으려는 듯 재바르게 가슴께를 훑는다. 급여를 얼마나 받느냐고 물었고, 급여를 받는 자리는 아니라는 내 대답에 이해할 수 없다는 표정이다. 그는 이리 복잡하고 힘든 일을 맡겨놓고 대가를 지불하지 않는 행정처를 신랄하게 나무라고는, 왜 그러고 있느냐고 반문한다.

 빤히 바라보는 그의 눈빛에는 딱하다는 무언의 언어가 내포되어 있다. 내가 사회적 계산법에 어눌해 보였던가 보다. 사회적 잣대로 본다면 틀린 이야기도 아니다. 필요 이상의 오지랖이 자주 발동하기도 하고 현학적 계산법으로는 이해가 어려울 수도 있으니 말이다. 그러나 그의 표정에서는 의구심보다 더 진한 나를 향한 애정이 느껴져 고맙기도 했다.

 헤어져 돌아와 혼자 생각에 잠긴다. 그가 매주 한국무용과 요가를 배우러 갈 때도 소위 수업료라는 대가를 지불할 것이다. 수업료를 내고도 내가 하고 싶은 것에 매진하는 게 우리 삶의 방식 아닌가. 학교 선생님이던 그가 퇴직 후 건강과 여가의 조화를 위해 한국무용을 하고 있다고 했을 때도 부러움보다 격려를 해주고 싶었다.

 그는 지금 운동도 아니고 취미활동도 아닌 머리를 쥐어짜는 잡다한 사회문제 해결을 위해 동분서주하는 나를 진심 안쓰럽게 바라보며 그 나름의 애정을 진하게 표출하는 것이다.

 바이러스가 스멀스멀 포위망을 조여오는 날들이 길게 이어지고 있을 때, 울산 지역 노인돌봄센터 6백여 명 '생활지원사'가 사회적 단절을 겪고 있는 세대의 고독사 방지를 위해 제3의 보호자 역할을 대신하곤 했다.

 이들 14개 센터의 소통과 지원을 담당하는 광역센터의 책임을 맡고 있는 나로서는 크고 작은 현장 상황에 머릿속이 복잡하기도 하고 지역자원 연계를 위한 고민에 골몰하게도 된다. 그러나 누군가는 해야 할 일이고, 내가 할 수 있는 일이기도 하다. 게다가 적임자라 판단한 간곡한 권유를 차마 뿌리치기도 뭐해서 수락하고 작은 힘이나마 보태고 있는 중이다.

정년을 채우고 은퇴했다지만 30년 가까이 내가 하던 일이다. 손사래 치고 외면한다면 몸은 편할지라도 후일 행여 후회가 남을지도 모른다는 생각에 수락을 선택했다. 그러나 각다분한 세상살이에 대가 없는 일이 어디 있겠는가. 통장에 숫자로 고이는 금액이 될 수도 있고, 계산법을 달리하면 한 줌 무게로는 헤아릴 수 없는 상대의 변화에서 오는 안도감이나 충족감이 될 수도 있다.

바이러스 기세가 많이 약화된 후도 고령 노인 특성상 기저질환이나 보행의 제약 등으로 예방접종을 하지 못한 분들이 있다. 주기적인 생활지원사 방문에 의심 증상이 인지되면 가족에게 알려 신속한 대처를 유도하곤 하지만 사정상 가족의 지원을 받지 못하는 분들이 대다수다.

이런 경우 생활지원사나 담당 사회복지사는 병원 연계 등 집중지원에 들 수밖에 없다. 상황이 이러니 구군 센터를 포함한 광역기관에서는 긴장의 끈을 놓지 못한다. 극진한 마음으로 현장을 살피는 활동가들의 값진 노고가 있어 지역의 만오천 여명 어르신들의 사회 단절이 완화되고 최소한의 안전이 담보되기 때문이다.

　때론 대상 세대의 먹을거리나 생필품 등 후원처 물색을 고심하기도 하고, 응급을 요하는 위급상황 발생에 119 소방방제센터와 동시에 울리는 비상벨에 혼비백산 현장으로 달려가는 담당자를 안쓰러운 마음으로 응원하기도 한다. 그리고 우울감이 높은 대상자 그룹에는 구군 정신보건센터와 연계한 각종 프로그램을 지원하며 지역사회로부터의 고립과 자살 충동을 완화토록 하고 있다.

　이러한 일련의 사례들을 통해 산다는 것이 고정됨이 없는 변화의 과정임을 깊게 체감한다. 선한 활동에 작은 보탬이라도 되고 싶다는 마음이 되는 이유다. 내가 하고 싶은 일에 누구도 대가를 요구하지 않았다. 나를 신뢰하고 중임을 맡겨준 일련의 상황이 내 계산법에 의하면 오히려 감사한 것이다.

　현재도 병실에서 실낱같은 생명줄을 부여잡고 씨름하는 환우가 있을 것이다. 지구촌 어디에는 전쟁으로 사랑하는 가족을 잃고 그 슬픔까지 표출하지 못하는 극심한 공포 앞에 무방비로 내쳐지기도 하고, 어떤 연유로 자식들과 왕래가 단절된 채 빈방에서 홀로 고독과 사투 중인 우리의 이웃이 있기도 하다. 다양한 삶 속에서 각자 맡은 역할과 과제에 충실할 뿐이다. 다만 조금씩만 공감하고 마음을 열어 준다면 서로 버팀목이 되는 세상 아름다운 사회가 저절로 열릴 것이라는 생각을 해본다.

 어눌한 계산법이 난무하는 가운데 무탈한 오늘이 조용히 저물고 있다.

여백의 낱알들
- 가을이 까치밭로 오다

초판 1쇄 인쇄 2025년 11월 25일
초판 1쇄 발행 2025년 12월 01일

지 은 이   손경숙
펴 낸 이   정종희
펴 낸 곳   바니디자인(주)

출판등록   2015년 11월 25일 제2015-000016호
주   소   44703 울산광역시 남구 번영로 152
전   화   (052)276-6687
이 메 일   bunny6687@hanmail.net

값 1,5000원
ISBN 979-11-91474-17-6

ⓒ 손경숙, 2025

* 이 도서는 2025 울산문화관광재단의 예술인창작준비금 지원사업에
  선정되어 출간을 지원 받았습니다.